Eva-Maria Trinkl
Lusenstraße 3
84107 Weihmichl
Tel. 08708 / 92 83 09

Mit Kindern backen

Inhalt

Einleitung

Dieses Kochbuch enthält eine sorgfältig zusammengestellte Auswahl von Rezepten, die schon Kindern gelingen können – und ihnen garantiert schmecken. Je nach Alter und Geschicklichkeit des Kindes kann die Hilfe eines Erwachsenen nötig werden. Wir empfehlen daher, das Kochvorhaben gemeinsam zu besprechen und zu planen. Welche Zutaten müssen eingekauft werden? Wie sehen die einzelnen Arbeitsschritte aus? Wer übernimmt was? Sorgfältige Planung ist die beste Garantie fürs Gelingen. Und dass nach dem gemeinsamen Kochen und Essen gemeinsam gespült und aufgeräumt wird, versteht sich von selbst ...

Rezept durchlesen

Lies dir, bevor du beginnst, das ganze Rezept aufmerksam durch. Sind alle Zutaten im Hause? Bitte bei Unklarheiten einen Erwachsenen um Rat.

Sauberkeit

Bevor es losgeht, wäschst du dir die Hände, schließlich willst du keinen Schmutz essen. Lange Haare werden zurückgebunden, und sogar Spitzenköche tragen beim Kochen eine Schürze.

Geräte bereitstellen

Lies dir die Liste der benötigten Geräte durch und stelle alles bereit, was du brauchst.

Zutaten abmessen

Dann liest du dir die Liste der nötigen Zutaten durch. Mit einem Messbecher oder der Küchenwaage misst du genau ab, was du brauchst, und stellst es bereit. Das erleichtert das Kochen ungemein.

Handrührgerät

Benutze das Handrührgerät und den Pürierstab am besten nur in Anwesenheit eines Erwachsenen. Lass dir genau erklären, worauf zu achten ist. Elektrostecker und Schalter darfst du niemals mit nassen Händen berühren.

Herd und Backofen

Wähle bei Elektroherden die Herdplatte nach der Größe des Topfes aus. Der Topf sollte weder größer noch kleiner sein als die Herdplatte. Verlasse die Küche nicht, solange der Herd eingeschaltet ist. Vergiss nicht, den Herd nach dem Kochen auszuschalten. Den Backofen räumst du aus, bevor du ihn benutzt, und schaltest ihn nach dem Backen wieder aus.

Topflappen

Topflappen oder Ofenhandschuhe sollten stets griffbereit sein, denn Töpfe, Pfannen und Backformen können sehr heiß werden. Wenn du dich trotzdem verbrannt hast, hältst du die Stelle sofort unter fließend kaltes Wasser.

Scharfe Messer

Sei vorsichtig im Umgang mit Messern. Lege immer ein Schneidebrett unter und halte das Messer stets mit der Schneide nach unten. Wenn dir ein Messer aus der Hand rutscht, niemals nachfassen! Spüle Messer immer einzeln unter fließendem Wasser ab. Du könntest beim Abwasch im Spülbecken in die Klinge greifen.

Saubermachen

Spülen und Aufräumen gehören zum Kochen dazu. Am besten sorgst du schon zwischendurch immer wieder für Sauberkeit, wischst die Arbeitsplatte ab, räumst Geräte weg und so weiter. So ersparst du dir viel Arbeit.

Abkürzungen

TL	Teelöffel
EL	Esslöffel
Msp.	Messerspitze
g	Gramm
l	Liter
1/4 l	250 ml
1/2 l	500 ml
°C	Grad Celsius

Backtemperaturen

Elektro	**Gas**
150 °C	Stufe 1
175 °C	Stufe 2
200 °C	Stufe 3
225 °C	Stufe 4

Umluft

Wenn ihr einen Umluftherd habt, muss die Temperatur 20 °C niedriger eingestellt werden als im Rezept angegeben, also 180 °C statt 200 °C.

Apfelschnitte

Dieser Kuchen ist einfach und braucht nicht viel Vorbereitung. Mit den eingedrückten Apfelhälften sieht er schön aus und schmeckt auch noch köstlich. Schlagsahne brauchst du dazu nicht mehr zu servieren, denn die steckt schon im Kuchen drin.

Das brauchst du

Für 12 Stücke

100 g weiche Butter plus etwas Butter für die Form
100 g Zucker
1 Päckchen Vanillinzucker
1 Prise Salz
100 g Marzipanrohmasse
3 Eier
150 g Weizenmehl Type 405
50 g Speisestärke
2 TL Backpulver
4 EL Schlagsahne
800 g Äpfel
1/2 TL Zimtpulver

1 Miss 80 g Zucker ab und gib ihn in eine Rührschüssel. Füge die Butter, den Vanillinzucker, die Eier, das zerbröselte Marzipan und das Salz hinzu. Verrühre alles gut mit dem Handrührgerät (mit Quirlen).

2 Vermische das Mehl, die Speisestärke und das Backpulver in einer kleinen Schüssel. Rühre das Ganze zusammen mit der Sahne unter die Buttermasse.

3 Fette eine Springform mit etwas Butter ein. Fülle den Teig in die Form und verteile ihn gleichmäßig mit einem Löffel.

4 Die Äpfel wäschst du und schälst sie mit einem Sparschäler oder Küchenmesser. Halbiere sie und entferne die Kerngehäuse. Ritze dann mit einem Messer Gittermuster in die runden Seiten der Äpfel (wie auf dem Foto).

5 Heize den Backofen auf 180 °C vor. Jetzt vermischst du den restlichen Zucker in einem Teller mit dem Zimt. Wende die Apfelstücke darin und drücke sie dann mit einer kreisförmigen Bewegung in den Teig hinein.

6 Schiebe den Kuchen auf die mittlere Backschiene und backe ihn ungefähr 45 Minuten, bis er goldbraun ist.

Backzeit

Die in Rezepten angegebene Backzeit kann nie ganz genau sein, denn die Backzeit wird von vielen Dingen beeinflusst, wie zum Beispiel dem Alter oder Typ des Herdes oder der Temperatur des Teigs vor dem Backen. Deshalb musst du selber prüfen, ob der Kuchen schon fertig ist. Dafür schaust du erstmal gegen Ende der angegebenen Backzeit durch das Ofen-Sichtfenster. Ein fertiger Kuchen sollte meist oben goldbraun sein und keine sichtbare Feuchtigkeit mehr enthalten. Test 2 besteht aus der Stäbchenprobe. Dafür ziehst du den Kuchen mit Topflappen etwas aus dem Ofen heraus (lass dir dabei von einem Erwachsenen helfen). Dann nimmst du ein Holzstäbchen (zum Beispiel einen Schaschlikspieß), stichst es senkrecht in die höchste Kuchenstelle bis zum Formboden durch und ziehst es wieder heraus. Bleiben Krümel oder sogar Teig daran haften, braucht der Kuchen noch länger. Erst wenn das Stäbchen ganz sauber wieder aus dem Kuchen gezogen wird, ist er gar.

TIPP

Als Marzipanrohmasse bezeichnet man den reinen Marzipan ohne Schokoladenhülle. Sie besteht aus einer Mischung aus Mandeln und Zucker. Bei uns ist der Lübecker Marzipan die bekannteste Marzipanmarke.

Das stellst du bereit:

Rührschüssel
Messbecher
Handrührgerät
Kochlöffel
kleine Schüssel
Springform, 26 cm
Backpinsel
Esslöffel
Sparschäler
Küchenmesser
Schneidebrett
Teller
Topflappen
Holzstäbchen

Einfetten

Am bequemsten geht das Einfetten mit einem Backpinsel. Falls du keinen hast, reiße ein Stück Backpapier von der Rolle ab und gib ein kleines Stück Butter darauf. Damit kannst du über die Backform fahren und sie innen gut einfetten.

Versunkener Birnenkuchen

Dieser Kuchen enthält eine Mischung aus frischem Obst (Birnen) und Trockenobst (Pflaumen). Trockenobst ist, wie der Name schon sagt, frisches Obst, das getrocknet wurde. Es bekommt dabei einen ganz eigenen Geschmack und kann in Flüssigkeit eingelegt werden (wie hier in Birnensaft), weil es diese gut aufsaugt.

1 Gib die Pflaumen in einen Topf mit etwas Wasser und koche sie kurz auf. Gieße sie dann in ein Sieb ab und lass sie gut abtropfen. Halbiere sie anschließend, entferne die Kerne und schneide sie in 1/2 cm breite Streifen.

2 Gib die Pflaumenstreifen in eine Schüssel und beträufele sie mit dem Birnensaft. Bedecke die Schüssel mit einem Teller und lass die Pflaumen etwa 20 Minuten ziehen.

3 Wasche die Birnen und schäle sie, am besten mit einem Sparschäler. Viertele sie und entferne das Kerngehäuse. Schneide die Viertel dann in Spalten.

4 Koche Wassser in einem Topf auf und tauche die Birnen kurz (etwa 1 Minute) darin ein. Das nennt man „blanchieren". Gieße sie in ein Sieb ab und halte sie kurz unter kaltes Wasser (das nennt man „abschrecken"). Abtropfen lassen.

5 Heize den Backofen auf 200 °C vor. Fette die Springform ein und streue sie dann mit den Semmelbröseln aus.

6 Trenne die Eier. Schlage sie an einem Schüsselrand auf und lass die Eiweiße vorsichtig in eine Rührschüssel gleiten. Die Eigelbe gibst du in eine zweite Schüssel.

7 Vermische die Eigelbe mit der Butter, dem Zucker und dem Vanillinzucker und schlage alles mit einem Schneebesen oder dem Handrührgerät (mit Quirlen als Aufsatz) schaumig.

8 Schlage mit dem Handrührgerät das Eiweiß steif. Vermische in einer Schüssel das Mehl, das Salz und das Backpulver. Gib die Mehlmischung zur Butter-Zucker-Masse und verrühre sie. Hebe dann auch den Eischnee (so nennt man das steif geschlagene Eiweiß) vorsichtig mit einem Esslöffel unter die Masse.

Das brauchst du

Für 12 Stücke

200 g getrocknete Pflaumen
5 EL Birnensaft
400 g feste Birnen
Semmelbrösel für die Form
3 Eier
200 g weiche Butter plus etwas Butter für die Form
200 g Zucker
1 Päckchen Vanillinzucker
250 g Weizenmehl Type 405
1 Prise Salz
2 TL Backpulver
25 g gehackte Haselnüsse

9 Fülle den Teig in die Form. Als erste Schicht legst du die Hälfte der Pflaumen darauf und drückst sie leicht ein. (Lege vorher ein Paar Pflaumen für die Dekoration beiseite.)

TIPP

Eine Prise Salz ist die Salzmenge, die du zwischen Daumen und Zeigefinger halten kannst. Sie entspricht etwa 1/2 Teelöffel.

Das stellst du bereit:

Topf
Sieb
Schneidebrett
Küchenmesser
Schüssel
Teller
Sparschäler
Springform, 26 cm
Backpinsel
Esslöffel
2 Rührschüsseln
evtl. Schneebesen
Handrührgerät
Topflappen
Holzstäbchen

10 Dann verteilst du die Birnenspalten darauf und anschließend kommt noch eine Schicht mit den restlichen Pflaumen. Zum Schluss bestreust du alles mit den Haselnüssen.

11 Schiebe den Kuchen auf die mittlere Backschiene und backe ihn etwa 45 Minuten goldbraun. Prüfe mit einem Holzstäbchen, ob er gar ist (siehe Seite 6).

Donauwellen

Dieser Blechkuchen besteht aus zwei Schichten Teig, einer hellen und einer dunklen. Wenn man möchte, kann man die obere Schicht ein bisschen mit der Gabel „wellen“, so dass der Kuchen mit viel Fantasie an die Wellen der Donau erinnert. Daher hat er auch seinen Namen. Ganz oben ist eine Schicht Pudding, und die stellt vielleicht die Gischt auf den Wellen dar.

Das brauchst du

Für 20 Stücke

Für den Teig:

Kirschen im Glas (ca. 700 g Abtropfgewicht)

250 g weiche Butter plus etwas Butter für das Blech

180 g Zucker

1 Prise Salz

6 Eier

400 g Mehl

3 TL Backpulver

6 EL Milch

2 EL Kakaopulver

3 EL Milch

Für den Belag:

1 Päckchen Vanillepuddingpulver

1/2 l Milch

1 EL Zucker

200 g weiche Butter

50 g Puderzucker

1 Schütte die Kirschen in ein Sieb und lass sie gut abtropfen.

2 Gib die Butter mit einem Teelöffel in Flöckchen in eine Rührschüssel, streue Zucker und Salz dazu und rühre alles mit einem Schneebesen oder dem Handrührgerät (mit Quirlen als Aufsatz) cremig. Schlage die Eier einzeln auf und verquirle sie so lange mit der Butter-Zucker-Mischung, bis eine glatte Creme entstanden ist.

3 Vermische das Mehl und das Backpulver gut in einer Schüssel und rühre die Mischung dann unter die Butter-Eier-Creme. Gib 4 Esslöffel Milch dazu und verquirle alles mit dem Handrührgerät, bis der Teig schwer vom Quirl fällt.

4 Heize den Backofen auf 180 °C vor. Fette das Backblech mit etwas Butter ein. Gib dann die Hälfte des Teigs auf das Blech und verstreiche ihn gleichmäßig mit einem feuchten Teigschaber oder Streichmesser.

5 Verrühre den übrigen Teig mit dem Kakao, so dass er ganz braun wird, und rühre 2 Esslöffel Milch ein.

6 Streiche nun den dunklen Teig auf den hellen Teig. (Wenn du willst, kannst du ihn mit der Gabel ein wenig „wellen“, damit der Donauwellen-Effekt entsteht. Das ist aber für den Geschmack nicht nötig.) Lege anschließend die Kirschen darauf und drücke sie ganz leicht in den Teig.

7 Schiebe den Kuchen auf die mittlere Backschiene und backe ihn etwa 30 Minuten. Probiere mit einem Holzstäbchen, ob er schon gar ist (siehe Seite 6). Lass ihn auf dem Blech kalt werden.

8 Für den Belag verrührst du das Puddingpulver in einer Schüssel mit einem Schneebesen mit 4 Esslöffeln Milch und dem Zucker.

9 Koche die restliche Milch in einem Topf auf, gib das angerührte Puddingpulver dazu und verrühre es gut. Richte dich dann nach der Packungsanleitung.

TIPP

Aus dem Kirschsaft machst du mit sprudelndem Mineralwasser erfrischende Kirschlimonade.

Das stellst du bereit:

Sieb
Rührschüssel
Teelöffel
Schneebesen
evtl. Handrührgerät
Esslöffel
Schüssel
Kochlöffel
Backblech
Backpinsel
Teigschaber oder Streichmesser
evtl. Gabel
Holzstäbchen
Topflappen
Topf

10 Nimm den Topf von der heißen Platte und lass den Pudding abkühlen. Dabei öfter mal umrühren.

11 Rühre die Butter mit dem Puderzucker cremig und rühre dann den Pudding löffelweise gut unter.

12 Streiche die Puddingmasse auf den abgekühlten Kuchen und bestreue ihn zum Schluss mit Schokoflocken.

Sauerkirschen

Sauerkirschen werden auch Schattenmorellen genannt. Sie sind eine rote bis dunkelrote Kirschsorte, die sauerherb schmeckt und deshalb nur gekocht verwendet wird. Sauerkirschen werden zu Kompott, Gelee, Saft oder Konfitüre verarbeitet oder, wie hier, in Teig gebacken.

Erdbeer-Biskuits

Diese großen Biskuitplätzchen schmecken besonders gut mit Erdbeerbelag. Natürlich kannst du sie auch je nach Jahreszeit variieren und zum Beispiel Kiwischeiben oder Sahne mit Schokostreusel darauf geben.

1 Heize den Backofen auf 200 °C vor und lege ein Backblech mit Backpapier aus.

2 Lass 40 g Butter in einem kleinen Topf bei sanfter Hitze schmelzen.

3 Trenne die Eier und gib Eigelb und Eiweiß in zwei verschiedene Rührschüsseln. Ein Eiweiß stellst du beiseite; für dieses Rezept brauchst du es nicht mehr.

4 Gib den Zucker zu dem Eigelb und schlage das Ganze mit dem Handrührgerät, auf das du die Rührhaken gesteckt hast, schaumig. Gib beim Rühren eine Prise Salz dazu.

5 Mische das Mehl mit der Speisestärke und stäube es durch ein Sieb auf die Eiercreme. Nicht rühren! Dann gießt du die lauwarme, flüssige Butter dazu.

6 Spüle die Rührhaken unter fließendem Wasser ab und schlage das Eiweiß zu festem Eischnee.

7 Rühre ein Drittel des Eischnees mit einem Rührlöffel unter die Eiercreme und gib den restlichen Eischnee darauf. Vorsichtig unterheben.

8 Fülle die Masse in eine Spritztüte und setze etwa 10 cm große Teigkreise auf das mit Backpapier ausgelegte Backblech. Sie dürfen nicht zu eng gesetzt werden, denn der Teig geht beim Backen auf. (Wie du eine Spritztüte selber machst, steht auf Seite 30.)

9 Auf der mittleren Einschubleiste etwa 10 Minuten backen.

10 Für den Belag wäschst du zuerst die Erdbeeren. Lass sie in einem Sieb abtropfen und tupfe sie trocken. Dann schneidest du sie in Spalten. Mit einem Löffel verrührst du den Quark mit dem Sirup und dem Vanillinzucker. Zum Schluss hebst du die Erdbeeren unter den Quark.

11 Nimm die Plätzchen vorsichtig aus dem Ofen, lass sie abkühlen und verteile die Quarkmasse darauf.

Das brauchst du

Für 12 Stück

Für den Teig:
40 g Butter
5 Eier
110 g Zucker
1 Prise Salz
70 g Mehl
40 g Speisestärke

Für den Belag:
200 g Erdbeeren
250 Speisequark
50 ml Erdbeersirup
1 Prise Vanillinzucker

Biskuit-Teig

Biskuit ist ein zarter und empfindlicher Teig, bei dem Luft eine wichtige Rolle spielt. Sie sorgt dafür, dass sich der Teig beim Backen ausdehnt – zuweilen bis auf das Dreifache. Damit die Luft in den Teig gelangt, muss die Masse gründlich geschlagen und unverzüglich im vorgeheizten Ofen gebacken werden. Sie darf auf keinen Fall länger stehen, denn dann entweicht die eingeschlagene Luft wieder und der Teig fällt zusammen.

Das stellst du bereit:

Backpapier
kleiner Topf
Reibe
2 Rührschüsseln
Handrührgerät
Mehlsieb
Rührlöffel
Spritzbeutel
Sieb
Küchenmesser
Schneidebrett
kleine Schüssel
Esslöffel

Gugelhupf

Gugelhupf ist ein Napfkuchen, der besonders in Süddeutschland und Österreich gegessen wird. Ein Napfkuchen ist ein Kuchen aus Hefe- oder Rührteig mit Rosinen und Mandeln. Dieser Gugelhupf wird allerdings mit geriebenen Äpfeln gemacht. Die typische Napfkuchenform ist rund und hat ein Loch in der Mitte. Woher der Gugelhupf seinen Namen hat, ist unklar. Gugel (oder Kugel) meint vielleicht seine runde Form, aber was hat er mit Hüpfen zu tun?

1 Gib die Butter, den Zucker, das Salz, die Eier und die Milch in eine Rührschüssel und verrühre sie mit dem Handrührgerät (mit den Quirlen). Füge das Mehl und das Backpulver hinzu und verrühre alles zu einem einheitlichen Teig.

2 Wasche und schäle die Äpfel, schneide sie in Viertel und entferne das Kerngehäuse. Schneide ein Viertel in Scheiben und beträufle sie mit Zitronensaft. Reibe die restlichen Apfelstücke auf der Reibe und hebe den Brei unter den Teig.

3 Heize den Backofen auf 175 °C vor. Fette die Gugelhupfform mit etwas Butter ein. Fülle den Teig ein und streiche die Oberfläche mit einem Teigschaber oder Messer glatt.

4 Schiebe den Kuchen auf die unterste Backschiene und backe ihn etwa 60 Minuten goldbraun.

5 Teste kurz vor Ablauf der Backzeit mit einem Holzstäbchen, ob er gar ist (siehe Seite 6).

6 Nimm den Gugelhupf mit Topflappen aus dem Ofen und lass ihn etwas abkühlen. Stürze ihn dann auf ein Kuchengitter (oder einen flachen Teller). Dabei stellst du die Form ganz schnell mit der Öffnung nach unten auf das Gitter und ziehst dann vorsichtig die Form vom Kuchen ab. Lass den Kuchen auf dem Küchengitter noch etwas abkühlen.

7 Schlage mit dem Handrührgerät (mit den Quirlen) die Sahne steif und streue dabei langsam den Vanillinzucker ein. Dekoriere den Kuchen mit der Sahne und den Apfelscheibchen.

Das brauchst du

Für 12 Stücke

250 g weiche Butter plus etwas Butter für die Form
200 g Zucker
1 Prise Salz
4 Eier
4 EL Milch
350 g Mehl
2 TL Backpulver
250 g Äpfel
Zitronensaft
Puderzucker zum Bestäuben
150 ml Sahne
1 Päckchen Vanillinzucker

Elektro- oder Gasherd

Die in den Rezepten angegebenen Backtemperaturen beziehen sich auf Elektroherde. Wenn du mit einem Gasherd backst, frage einen Erwachsenen, der sich damit auskennt, welche Gasstufen den Elektro-Temperaturen entsprechen. Eine Tabelle findest du auf Seite 5.

Aber auch für Elektroherdbenutzer gilt: Jeder Ofen heizt anders. Deshalb sind die in den Rezepten angegebenen Backtemperaturen und Backzeiten nur Richtwerte. Frag einen Erwachsenen, ob euer Herd Besonderheiten hat, die berücksichtigt werden müssen.

TIPP

Grundsätzlich solltest du nie alleine, sondern immer nur mit einem Erwachsenen zusammen den Backofen einschalten oder öffnen, wenn er heiß ist.

Das stellst du bereit:

Rührschüssel
Handrührgerät
Küchenmesser
Reibe
Esslöffel
Gugelhupfform
Backpinsel
Teigschaber oder Streichmesser
Topflappen
Holzstäbchen
Kuchengitter

Schnelle Traubentorte

Diese Torte lässt sich wirklich in Windeseile herstellen, denn sie muss nicht mehr gebacken werden, da der Teig schon fertig ist. Du kannst statt der Trauben auch andere Früchte nehmen, zum Beispiel Erdbeeren (mit roter Götterspeise) oder Ananas (mit gelber Götterspeise).

1 Miss 500 ml von dem Traubensaft ab. Gib sie in einen Topf und verrühre das Götterspeisenpulver und den Zucker mit einem Schneebesen darin. Erhitze das Ganze unter Rühren und nimm den Topf kurz vor dem Aufkochen von der heißen Platte.

2 Schalte den Herd auf niedrige Hitze, stelle den Topf wieder auf die Platte, sobald sie etwas abgekühlt ist, und lass das Pulver etwa 10 Minuten quellen.

3 Vermenge den Mascarpone-Käse in einer Schüssel mit dem restlichen Traubensaft. Streiche ihn mit einem Teigschaber oder dem Messer gleichmäßig auf den Tortenboden.

4 Jetzt wäschst du die Trauben unter fließendem Wasser und lässt sie in einem Sieb gut abtropfen. Halbiere sie und entferne die Kerne. Verteile die Traubenhälften mit der Schnittfläche nach unten auf der Käsemasse.

5 Gieße die halbfeste Götterspeise über die Trauben. Stelle den Kuchen in den Kühlschrank, bis die Götterspeise fest geworden ist. Sehr gut passt dazu steif geschlagene Sahne.

Tipp

Mascarpone ist ein ziemlich fetter, aber sehr leckerer italienischer Doppelrahmfrischkäse aus Kuhmilch-Sahne. Er wird für viele Nachspeisen verwendet.

Das brauchst du

Für 12 Stücke

1 Päckchen Götterspeise mit Waldmeister-Geschmack
2 EL Zucker
600 ml heller Traubensaft
200 g Mascarpone-Käse
1 fertiger Mürbeteigboden
400 g grüne Trauben
400 g blaue Trauben

Mürbeteig

Du kannst den Mürbeteig natürlich auch selbst zubereiten. Verknete dafür 300 g Mehl, 200 g weiche Butter, 1 Ei, 1-2 EL Zucker und eine Prise Salz mit den Handballen zu einem festen Teig. Wickele ihn in Frischhaltefolie und lass ihn etwa 30 Minuten im Kühlschrank ruhen. Danach kannst du ihn ausrollen.

Das stellst du bereit:

Messbecher
Topf
Schneebesen
Kochlöffel
Rührschüssel
Teigschaber oder Streichmesser
Sieb
Schneidebrett
Küchenmesser

Dinos Geburtstagskuchen

Mit diesem ganz einfachen Teig kannst du alle möglichen Kuchenformen füllen und nach Herzenslust verzieren. Hier wurde eine Dino-Form ausgewählt. Dinosaurier-Backformen gibt es zu kaufen. Wenn du keine hast, kannst du auch eine ganz normale runde Springform verwenden und mit Lebensmittelfarben einen Dino darauf malen. Der Dino auf dem Foto ist übrigens ein Tyrannosaurus.

1 Rühre die Butter in einer Schüssel mit dem Schneebesen oder den Quirlen des Handrührgeräts schaumig. Gib dann 2/3 des Zuckers (200 g) dazu und rühre so lange, bis er aufgelöst ist.

2 Trenne 5 Eier. Dafür schlägst du sie nacheinander am Schüsselrand auf und lässt die Eiweiße in eine Schüssel gleiten. Die Eigelbe gibst du zu der Butter und verrührst sie damit.

3 Vermenge das Mehl und das Backpulver miteinander. Fülle die Mischung in ein Sieb, siebe sie über die Butter-Ei-Masse und rühre sie unter.

4 Gib den restlichen Zucker zu dem Eiweiß und schlage es mit dem Handrührgerät steif.

5 Gib etwa 1/3 des Eischnees zum Teig und verrühre ihn. Den restlichen Eischnee hebst du mit einem Esslöffel vorsichtig unter.

6 Heize den Backofen auf 180 °C vor. Fette die Form mit etwas Butter ein und bestäube sie mit Mehl. Fülle dann den Teig vorsichtig ein und streiche die Oberfläche mit einem Messer glatt.

7 Schiebe den Kuchen auf die untere Backschiene und lass ihn ungefähr 45-50 Minuten backen, bis er goldbraun ist. Prüfe mit einem Holzstäbchen nach, ob er gar ist (siehe auch Seite 6).

8 Nimm den Kuchen mit Topflappen aus dem Ofen und lass ihn etwas abkühlen. Stürze ihn dann auf ein Kuchengitter. Dabei stellst du die Form ganz schnell mit der Öffnung nach unten auf das Gitter und ziehst dann vorsichtig die Form vom Kuchen ab.

Das brauchst du

Für 8 Stücke

300 g weiche Butter plus etwas Butter für die Form

300 g Zucker

7 Eier

300 g Mehl plus etwas Mehl zum Bestäuben

2 TL Backpulver

200 g Puderzucker

rote, gelbe und grüne Lebensmittelfarbe

verschiedene Sorten Gebäckschmuck

9 Trenne die restlichen 2 Eier. Die Eigelbe brauchst du nicht. Verquirle den Puderzucker mit den Eiweißen zu einem Zuckerguss. Verteile ihn auf 3 Schälchen und färbe ihn mit den verschiedenen Speisefarben ein. Gib den Guss in Spritztüten und verziere den Kuchen damit und mit dem Gebäckschmuck.

Das stellst du bereit:

2 Rührschüsseln
Schneebesen
Handrührgerät
Messbecher
Schüssel
Mehlsieb
Esslöffel
Backform, ca. 1 1/2 l Inhalt
Backpinsel
Streichmesser
Topflappen
Holzstäbchen
Kuchengitter
Glas für die Eigelbe
3 Schälchen
Spritztüte oder Pergamentpapier für Einweg-Spritztüten
Spritztülle

Bananen-Kokos-Waffeln

Kokosnuss, Ananas und Banane – exotische Früchte geben diesen Waffeln ein wunderbar fruchtiges Aroma. Hmmmm, fast fühlt man sich wie in der Südsee ...
Um Waffeln zu backen, brauchst du ein Waffeleisen. Lass dir, bevor du beginnst, von deinen Eltern erklären, wie man es bedient. Es ist kinderleicht.

1 Lass die Butter in einem kleinen Topf bei sanfter Hitze schmelzen und anschließend abkühlen.

2 Trenne die Eier und gib Eigelb und Eiweiß in zwei verschiedene Rührschüsseln. Stecke die Rührhaken auf das Handrührgerät und verrühre das Eigelb mit der Butter, der Kokoscreme und dem Frischkäse.

3 Gib, während du immer weiterrührst, nach und nach das Reismehl und den Ananassaft dazu.

4 Spüle die Rührhaken unter fließendem Wasser ab und schlage nun das Eiweiß steif. Mit dem Rührlöffel hebst du es vorsichtig unter den Waffelteig.

5 Heize das Waffeleisen vor und fette es mit etwas Butter ein. Benutze dazu den Backpinsel. Dann gibst du eine Schöpfkelle Teig ins Waffeleisen und wartest, bis der Teig goldbraun gebacken ist.

6 Mit einer Gabel löst du die Waffel aus dem Eisen und legst sie zum Abkühlen auf ein Kuchengitter.

7 Schäle die Bananen und schneide sie in Scheiben. Verrühre sie in einer Schüssel mit dem Ahornsirup, dem Zitronensaft und den Kokoschips.

8 Richte die Waffeln mit den Bananen auf Tellern an und garniere sie nach Belieben mit etwas Zitronenmelisse.

Reismehl

Reis wird, genau wie Weizen oder anderes Getreide, zu Mehl verarbeitet. Reismehl ist besonders fein und quellfähig und eignet sich für Pudding, süße Mehlspeisen und Gebäck.

Das brauchst du

Für 4 Portionen

80 g Butter
4 Eier
100 g Kokoscreme
50 g Frischkäse
200 g Reismehl
250 ml Ananassaft
Fett für das Waffeleisen
3 Bananen
3 EL Ahornsirup
3 EL Zitronensaft
4 EL Kokoschips
Zitronenmelisse zum Garnieren

Das stellst du bereit:

kleiner Kochtopf
zwei Rührschüsseln
Handrührgerät
Rührlöffel
Waffeleisen
Backpinsel
Schöpfkelle
Gabel
Kuchengitter
Küchenmesser
Schneidebrett
kleine Schüssel

TIPP

Bei diesem Rezept empfiehlt es sich, zu zweit zu arbeiten. Während der eine die Waffeln backt, bereitet der andere die Bananen zu und richtet die Portionen an.

Gefüllte Himbeertörtchen

Diese kleinen Himbeertörtchen sind sehr gut für eine sommerliche Party geeignet. Wenn du keine frischen Himbeeren bekommst, kannst du tiefgekühlte verwenden, die du vor der Zubereitung auftaust. Frische Erdbeeren passen auch als Belag.

1 Trenne die Eier. Dafür schlägst du sie an einem Schüsselrand auf und lässt die Eiweiße in ein Glas gleiten. Du brauchst sie für dieses Rezept nicht. Die Eigelbe gibst du in eine Schüssel und vermischst sie mit der Hälfte des Zuckers, dem Puddingpulver und 2 Esslöffeln Milch.

2 Gib die restliche Milch in einen Topf. Gib das Vanillearoma dazu und lass die Milch aufkochen. Riesele die restliche Zuckerhälfte langsam unter Rühren dazu. Gib dann die Eiermasse in den Topf und lass alles unter ständigem Rühren kurz weiterkochen.

3 Schalte den Herd aus, nimm den Topf von der heißen Platte und lass die Creme kurz durchziehen. Brösele dann das Marzipan hinein und verrühre es. Fülle die Masse in eine Schüssel um.

4 Spüle die Himbeeren in einem Sieb unter fließendem Wasser ab und lass sie abtropfen.

5 Gib auf jedes der Törtchenböden 1 Esslöffel der Creme und lege Himbeeren darauf.

6 Den Tortenguss bereitest du nach der Packungsanleitung zu. Streiche ihn über die Himbeeren. Zum Schluss bestreust du die Törtchen mit den Haselnüssen und dekorierst sie, wenn du magst, mit frischen Minzblättern.

Das brauchst du

Für 10 Stück

2 Eier
50 g Zucker
20 g Vanillepuddingpulver
250 ml Milch
ein paar Tropfen Vanillearoma
30 g Marzipanrohmasse
500 g Himbeeren
10 Mürbeteig-Tarteletts
1 Päckchen klarer Tortenguss
2 EL Zucker für den Tortenguss
50 g gehackte Haselnüsse
evtl. Minze zum Garnieren

Eiweiß-Rest

Das übrig gebliebene Eiweiß kannst du in einer Pfanne braten, mit Kräutern bestreuen, salzen und pfeffern und zum Beispiel auf Brot essen. Es schmeckt auch ohne das Eigelb gut.

TIPP

Serviere zu den Törtchen frisch geschlagene Sahne.

Das stellst du bereit:

Glas für das Eiweiß
Rührschüssel
Schneebesen
Esslöffel
Topf
Sieb

Johannisbeertorte

Das Besondere an dieser Torte aus roten Johannisbeeren ist, dass sie aus drei Schichten besteht. Dafür wird der Teig in drei Platten geschnitten und mit Sahne und Beeren belegt.

1 Heize den Backofen auf 180 °C vor. Gib die Butter in eine Schüssel und rühre sie mit dem Handrührgerät (Quirle aufstecken) cremig. Füge nach und nach den Zucker, den Vanillinzucker und die Eier dazu und rühre weiter, bis eine glatte Creme entsteht.

2 Gib das Mehl, das Backpulver und das Salz in ein Mehlsieb und siebe es in eine leere Schüssel. Durch das Sieben wird es feiner und klumpt nicht im Teig.

3 Rühre dann abwechselnd immer etwas Milch und Mehlmischung in die Creme, bis alles verbraucht ist und du einen glatten Teig hast.

4 Fette eine Springform mit etwas Butter ein. Fülle den Teig ein und streiche ihn mit einem Teigschaber glatt.

5 Schiebe die Form auf die mittlere Backschiene und backe den Teig ungefähr 55 Minuten goldbraun. Prüfe mit einem Holzstäbchen, ob er gar ist (siehe Seite 6).

6 Schlage in der Zwischenzeit die Sahne mit einem Handrührgerät (Quirle aufstecken) steif. Rühre die Johannisbeermarmelade unter die Sahne.

7 Sobald der Teig gar ist, nimmst du ihn mit Topflappen aus dem Ofen und lässt ihn abkühlen. Öffne dann die Springform und schiebe den Kuchen vorsichtig auf eine Kuchenplatte (oder lass ihn auf dem Boden der Springform).

8 Jetzt wird es etwas knifflig, der Kuchen muss nämlich mit einem Brotmesser oder Drahtschneider zweimal waagerecht durchgeschnitten werden. Dabei solltest du dir von einem Erwachsenen helfen lassen. Lege die zwei oberen Kuchenplatten vorsichtig auf zwei Tellern ab.

9 Ziehe die Johannisbeeren von den Rispen, spüle sie in einem Sieb unter kaltem Wasser ab und lass sie gut abtropfen.

Das brauchst du

Für 12 Stücke

100 g weiche Butter plus etwas Butter für die Form
100 g Zucker
1 Päckchen Vanillinzucker
2 Eier
175 g Mehl Type 405
1 Prise Salz
1/2 Päckchen Backpulver
6 EL Milch
200 g Sahne
1 EL Johannisbeermarmelade
150 g Johannisbeeren
evtl. Zitronenmelisse zum Garnieren

10 Bestreiche jetzt die unterste Kuchenplatte gleichmäßig mit einem Drittel der Sahne. Setze ein Drittel der Johannisbeeren darauf und lege die mittlere Platte darüber. Bestreiche diese genauso und bedecke sie mit der obersten Platte. Diese wird mit der restlichen Sahne und den restlichen Johannisbeeren belegt.

11 Lass den Kuchen etwa eine 1 Stunde im Kühlschrank fest werden. Zum Servieren kannst du ihn mit Zitronenmelisse-Blättern garnieren.

TIPP

Schneller geht das Entstielen der Johannisbeeren, wenn du sie mit den Zinken einer Gabel abstreifst. Achte aber darauf, dass die kleinen grünen Stielchen dabei nicht an der Beere hängen bleiben.

Das stellst du bereit:

2 Rührschüsseln
Handrührgerät
Mehlsieb
Springform, ca. 26 cm
Backpinsel
Teigschaber
Topflappen
Holzstäbchen
Kochlöffel
großes Brotmesser oder Drahtschneider
2 Teller
Sieb
Streichmesser

Kanadische Nusstorte

Typisch kanadisch an dieser Torte ist vor allem der Ahornsirup, der eine Spezialität des nordamerikanischen Landes ist und aus dem Saft des Ahornbaums gewonnen wird. Das Ahornblatt ist sogar auf der kanadischen Flagge zu sehen. Wegen des Sirups, der Nüsse und der Crème double ist die Torte ziemlich mächtig. Schneide daraus am besten 24 kleine Stücke.

1 Zuerst bereitest du den Teig zu. Reibe dafür von der Zitrone etwas Schale ab (1/4 Teelöffel). Gib die Schale zusammen mit dem Mehl, dem Puderzucker, dem Salz und dem Ei in eine Schüssel und füge noch die Butter mit einem Löffel in Flöckchen zu.

2 Verknete alles mit den Knethaken des Handrührgeräts und forme den Teig dann mit den Händen zu einer Kugel. Wickele die Teigkugel in Klarsichtfolie und stelle sie 30 Minuten im Kühlschrank kalt.

3 Inzwischen bereitest du den Belag zu. Hacke die Pekannüsse mit einem großen Messer. Bitte dafür einen Erwachsenen um Hilfe, denn das Messer kann leicht auf den Nüssen ausrutschen. Verrühre dann 2 Eier mit der Crème double, dem Ahornsirup und den gehackten Nüssen.

4 Heize den Backofen auf 200 °C vor. Bestäube eine saubere und trockene Arbeitsfläche sowie ein Nudelholz mit Mehl. Rolle den Teig zu einem Fladen von etwa 24 cm Durchmesser aus (die Größe der Backform).

5 Fette eine Tarte-Form (das ist eine Backform mit niedrigem Rand) mit etwas Butter ein. Lege den Teig hinein und ziehe mit den Fingern einen etwa 2 cm hohen Rand hoch.

6 Verteile die Sirup-Masse gleichmäßig auf dem Teig. Schiebe den Kuchen auf die mittlere Backschiene und backe ihn etwa 35 Minuten.

7 Bestreue die Torte vor dem Servieren mit gehackten Nüssen und Hagelzucker.

TIPP

Ahornsirup schmeckt besonders gut auf Pfannkuchen. Er wird im Laden manchmal unter der englischen Bezeichnung „maple syrup" angeboten.

Das brauchst du

Für 24 Stücke

Für den Teig:

200 g Weizenmehl Type 405 plus etwas Mehl zum Ausrollen

200 g weiche Butter plus etwas Butter für die Form

70 g Puderzucker

1 Prise Salz

1/4 TL abgeriebene Schale von einer unbehandelten Zitrone

1 Ei

Für den Belag:

2 Eier

2 EL Crème double

200 g Ahornsirup

200 g gehackte Pekannüsse

gehackte Pekannüsse und Hagelzucker zum Garnieren

Das stellst du bereit:

Reibe
Rührschüssel
Teelöffel
Handrührgerät
Klarsichtfolie
Schneidebrett und großes Küchenmesser
Nudelholz
Tarte-Form, 24 cm
Backpinsel
Topflappen

Floridatorte

Diese Obsttorte sieht toll aus und schmeckt auch so. Du kannst sie ganz nach Belieben mit allen möglichen Obstsorten belegen.

1 Zuerst bereitest du den Mürbeteig zu. Trenne dafür zunächst ein Ei, indem du das Ei am Schüsselrand aufschlägst und das Eiweiß in ein Glas gleiten lässt (du brauchst es für dieses Rezept nicht). Gib das Eigelb in eine Rührschüssel. Füge das Mehl, die Butter, den Puderzucker und das Salz zu. Schneide 1/2 Vanilleschote auf, kratze das Mark heraus und gib es auch in die Schüssel.

2 Verknete alles mit den Knethaken des Handrührgeräts zu einem glatten Teig. Wickele den Teig in Klarsichtfolie und lass ihn gut 30 Minuten im Kühlschrank ruhen.

3 Jetzt vermischst du den Puderzucker, die Mandeln, die Butter, 2 Eier und das Mehl in einer Schüssel.

4 Heize den Backofen auf 200 °C vor. Bemehle eine saubere und trockene Arbeitsfläche und ein Nudelholz. Nimm den Teig aus dem Kühlschrank und rolle ihn zu einem etwa 24 cm großen Fladen aus (die Größe der Backform).

5 Fette die Springform mit etwas Butter ein. Lege den Teig in die Form und ziehe mit den Fingern einen etwa 2 cm hohen Rand hoch.

6 Verteile die Mandelmasse gleichmäßig auf dem Teig. Schiebe dann den Kuchen auf die mittlere Backschiene und backe ihn etwa 20 Minuten. Nimm ihn aus dem Ofen (Topflappen nicht vergessen!) und lass ihn etwas abkühlen. Löse ihn dann aus der Form und lass ihn auf einem Kuchengitter weiter abkühlen.

7 Für die Creme trennst du ein Ei und gibst das Eiweiß zu dem ersten Eiweiß (auch dieses brauchst du nicht mehr). Das Eigelb verrührst du in einer Schüssel mit einem Schneebesen mit der Speisestärke und 2 Esslöffeln von der Milch.

8 Gieße die restliche Milch in einen Topf, schütte den Zucker dazu und bringe die Milch unter Rühren zum Kochen. Rühre die Speisestärke-Masse ein und lass alles noch einmal aufkochen.

Das brauchst du

Für 12 Stücke

Für den Teig:

100 g Mehl

50 g weiche Butter plus etwas Butter für die Form

40 g Puderzucker

1 Ei

1 Prise Salz

1/2 Vanilleschote

Für den Belag:

100 g Puderzucker plus etwas Puderzucker zum Bestreuen

100 g gemahlene Mandeln

80 g weiche Butter

3 Eier

30 g Mehl

250 ml Milch

20 g Speisestärke

80 g Zucker

200 ml Schlagsahne

400 g gemischtes Obst (z.B. Bananen, Kiwi, Erdbeeren, Himbeeren usw.)

125 ml Wasser

2 EL Zitronensaft (1/2 Zitrone)

1 Päckchen klarer Tortenguss

9 Nimm den Topf von der heißen Platte, bestreue die Creme mit Puderzucker und lass sie abkühlen.

10 Schlage die Sahne mit dem Handrührgerät (Quirl-Aufsätze) steif. Rühre die Creme glatt und hebe die

Sahne darunter. Verteile die Masse auf der Torte und streiche sie mit einem Palett- oder Streichmesser glatt.

11 Wasche das Obst, entferne Stiele, Blätter und Kerne, wo nötig, und schneide es in beliebig große Stücke. Arrangiere das Obst auf der Torte so, dass es farblich schön aussieht.

12 Zum Schluss bereitest du den Tortenguss zu. Presse eine halbe Zitrone aus. Vermenge 2 Esslöffel des Zitronensafts mit dem Wasser, dem Zucker und dem Tortengusspulver nach Packungsanleitung. Gib den Guss über die Früchte.

Das stellst du bereit:

Glas für das Eiweiß
Rührschüssel
Küchenmesser
Handrührgerät
Klarsichtfolie
Kochlöffel
Nudelholz
Springform, ca. 24 cm
Backpinsel
Esslöffel
Topflappen
Kuchengitter
Schneebesen
Topf
Palett- oder Streichmesser
Zitronenpresse

Kleine Obstkuchen

Diese Küchlein sind sehr einfach zu machen, und zwar zu jeder Jahreszeit.

Das brauchst du

Für 4 Stück

75 g weiche Butter
75 g Zucker
1 Ei
1 Prise Salz
20 g Speisestärke
3 EL Milch
125 g Weizenmehl Type 405
1 TL Backpulver
100 ml Schokoladensauce (Fertigprodukt)
12 Pfirsichhälften aus der Dose (1 große Dose)
evtl. Zitronenmelisse zum Garnieren

1 Verrühre die Butter, den Zucker, das Ei und das Salz in einer Schüssel.

2 Rühre die Stärke, die Milch, das Mehl und das Backpulver unter die Buttermasse. Hebe 3 Esslöffel Schokoladensauce unter.

3 Heize den Backofen auf 180 °C vor und lege das Backblech mit Backpapier aus. Teile den Teig in 4 Portionen und setze sie auf das Blech.

4 Jetzt streichst du die 4 Teigportionen mit einem Löffel kreisförmig zu Fladen von etwa 8 cm Durchmesser aus.

5 Öffne die Pfirsichdose und lass die Pfirsichhälften in einem Sieb abtropfen. Schneide die Pfirsichhälften in Spalten und setze sie sternförmig auf die Teigkreise. Etwas andrücken.

6 Schiebe das Blech auf die mittlere Backschiene und backe die Küchlein etwa 15 Minuten.

7 Richte die Kuchen auf einer Platte an und garniere sie, wenn du magst, mit kleingezupften Blättern Zitronenmelisse. Träufele die restliche Schokoladensauce dekorativ über die Kuchen.

Schokosauce selber machen

Nimm 50 g Halbbitter-Kuvertüre und erwärme sie im Wasserbad. Dazu gibst du die Schokolade in eine kleine Schüssel, stellst diese in einen Kochtopf mit etwas Wasser und erhitzt das Ganze. Während die Kuvertüre schmilzt, ab und zu mit dem Schneebesen umrühren. Die flüssige Sauce in Spritzbeutel füllen und die Kuchen damit verzieren.

Spritztüten selber machen

Einweg-Spritztüten (das heißt, solche, die du nur einmal benutzt und dann wegwirfst) sind nützlich, wenn du für ein Rezept mehrere verschiedenfarbige Glasuren verwendest.

1 Schneide dafür ein rechteckiges Stück Pergamentpapier (20 x 35 cm) zurecht.

2 Falte es diagonal und schneide es an der gefalzten Linie durch.

3 Nimm eins der Dreiecke und rolle die schmale Seite über die rechtwinklige Ecke zu einer Tüte.

4 Halte die Tüte mit einer Hand zusammen und lege die lange Seite des Dreiecks um die Tüte herum. Die überstehende Spitze steckst du innen in der Tüte fest.

5 Fülle 2–3 Esslöffel Glasur in die Tüte. Zum Schreiben schneidest du nur die Spitze der Tüte ab. Für dickere Verzierungen schneidest du mehr von der Spitze ab und schiebst eine Plastik-Spritztülle in die Tüte. Dann drückst du die Glasur heraus.

Das stellst du bereit:

Rührschüssel
Kochlöffel
Esslöffel
Backblech
Backpapier
Dosenöffner
Sieb
Schneidebrett
Küchenmesser
Topflappen

Buchstabenplätzchen

Überlege dir, welche Buchstaben du auf die Plätzchen malst. Du kannst zum Beispiel die Anfangsbuchstaben der Namen deiner Freunde wählen. Oder du nimmst Buchstaben, aus denen man leicht ganze Wörter zusammensetzen kann.

1 Reibe die Schale von einer halben Zitrone ab. Gib sie zusammen mit den Mandeln, dem Mehl, der Speisestärke, dem Zimt, dem Puderzucker, dem Zucker und dem Salz in eine Schüssel und vermische alles.

2 Drücke in die Mitte der Mischung eine Mulde und gib die Eier und die Butter mit einem Teelöffel in Flöckchen hinein. Verknete alles mit den Knethaken des Handrührgeräts zu einem glatten Teig. Decke die Schüssel zu und lass den Teig etwa 30 Minuten im Kühlschrank ruhen.

3 Nimm den Teig aus dem Kühlschrank und heize den Backofen auf 170 °C vor. Bestäube eine saubere und trockene Arbeitsfläche und ein Nudelholz mit etwas Mehl und rolle den Teig dünn aus.

4 Stich aus dem Teig mit verschiedenen Ausstechförmchen die Plätzchen aus. (Achte dabei darauf, dass du von jeder Form eine gerade Anzahl ausstichst, denn es werden später immer zwei Teile zusammengeklappt.) Lege das Backblech mit Backpapier aus und setze die Plätzchen vorsichtig darauf. Schiebe das Blech auf die mittlere Backschiene und backe die Plätzchen etwa 12-15 Minuten goldbraun.

5 Nimm das Backblech vorsichtig mit Topflappen aus dem Ofen und lass die Plätzchen auf Kuchengittern oder Tellern abkühlen. Bestreiche die Hälfte der Plätzchen mit den verschiedenen Konfitüren und setze dann immer ein bestrichenes und ein unbestrichenes Plätzchen der selben Form zusammen.

6 Trenne ein Ei. Dafür schlägst du es an einem Schüsselrand auf und lässt das Eiweiß in die Schüssel gleiten. Das Eigelb brauchst du für dieses Rezept nicht. (Hebe es für ein anderes Rezept auf, zum Beispiel für ein Omelett.) Verrühre das Eiweiß mit dem Puderzucker zu einem Zuckerguss.

Das brauchst du

Für 35 Plätzchen

Für den Teig:

200 g gemahlene Mandeln
350 g Mehl plus etwas Mehl zum Ausrollen
30 g Speisestärke
3 EL Zucker
150 g Puderzucker
1/2 TL Zimtpulver
abgeriebene Schale von 1/2 unbehandelten Zitrone
Salz
2 Eier
250 g weiche Butter

Für den Belag:

3 EL Erdbeerkonfitüre
3 EL Aprikosenkonfitüre
3 EL Orangenkonfitüre
100 g Puderzucker
1 Ei
rote, grüne und blaue Lebensmittelfarbe

7 Gib den Guss in drei verschiedene Schälchen und färbe ihn mit den verschiedenen Lebensmittelfarben ein. Fülle den Guss in Spritztüten und schreibe damit Buchstaben auf die Plätzchen und verziere sie an den Rändern.

Das stellst du bereit:

Reibe
Messbecher
Rührschüssel
Handrührgerät
Kochlöffel
Teelöffel
Nudelholz
Ausstechförmchen
Backpapier
Backblech
Topflappen
Kuchengitter
Streichmesser
Spritztüte

Schoko-Muffins

Muffins sind kleine runde Teigküchlein, die ursprünglich aus Großbritannien kommen und in Amerika sehr beliebt sind. Man kann sie mit allen nur erdenklichen Zutaten füllen, sowohl süßen als auch herzhaften. Schoko-Muffins gehören zu den Klassikern unter den Muffins. Du brauchst für Muffins ein besonderes Backblech, das 6 oder 12 runde Vertiefungen hat. Es lohnt sich, ein solches Blech zu kaufen, denn Muffins zu backen geht ganz schnell und es gibt unglaublich viele Arten, sie zuzubereiten. Probier auch die Muffin-Rezepte in diesem Buch auf den Seiten 36 und 38 aus.

Das brauchst du

Für 12 Stück

250 g Mehl
1 1/2 TL Backpulver
1/2 TL Natron
1 Ei
125 g Zucker
1 Päckchen Vanillinzucker
80 ml Öl
250 g Buttermilch
100 g Schokotropfen
4 EL Puderzucker
Schokoplättchen zum Garnieren

1 Heize den Backofen auf 180 °C vor. Die Papierförmchen setzt du in das Muffins-Blech.

2 Vermische das Mehl mit dem Backpulver und dem Natron in einer Schüssel.

3 Verquirle das Ei mit einem Schneebesen in einer zweiten Schüssel und gib den Zucker, den Vanillinzucker, das Öl und die Buttermilch dazu. Vermische alles und rühre dann die Mehlmischung unter, bis die trockenen Zutaten feucht sind.

4 Verteile die Hälfte des Teigs in die Backförmchen und gib die Schokotropfen jeweils in die Mitte des Teigs. Verteile den restlichen Teig darüber.

5 Schiebe das Blech auf die mittlere Backschiene und backe die Muffins etwa 20 Minuten, bis sie goldbraun sind. Prüfe mit einem Holzstäbchen, ob sie gar sind (siehe Seite 6). Nimm das Blech aus dem Ofen und lass die Muffins darin noch 5 Minuten ruhen.

6 Rühre den Puderzucker in einem Schälchen mit etwas Wasser glatt und streiche ihn auf die Muffins. Bestreue sie mit den Schokoplättchen, solange die Puderzucker-Glasur noch nicht trocken ist.

Das stellst du bereit:

12 Papier-Backförmchen

Muffins-Blech für 12 Muffins

2 Rührschüsseln

Kochlöffel

Schneebesen

Esslöffel

Topflappen

Holzstäbchen

Chemie in der Küche

Backpulver und Natron sind so genannte Backtreibmittel. Natron (die chemische Bezeichnung ist Natriumhydrogenkarbonat) ist ein weißes Salz aus dem chemischen Element Natrium.

Backpulver enthält Natron und noch einen Säureträger. Im Teig entwickeln beide Stoffe Kohlensäure (die chemische Bezeichnung ist Kohlendioxid), die den Teig schnell aufgehen lassen.

Honig- und Himbeer-Muffins

Diese beiden süßen Muffinsorten werden ganz ähnlich zubereitet. Nur die Füllung ist ein wenig anders. Die Honig-Muffins enthalten Honig, Datteln und Bananenchips, die Himbeer-Muffins natürlich Himbeeren.

Das brauchst du

Für 12 Honig-Muffins

2 EL getrocknete Bananenchips
60 g getrocknete Datteln
250 g Mehl
1 1/2 TL Backpulver
1/2 TL Natron
1 Prise Salz
1 Ei
60 g Honig
125 ml Buttermilch
2 EL Apfelsaft
1 TL Mandelaroma
125 g Butter
1 EL brauner Zucker

1 Heize den Backofen auf 180 °C vor. Lege dann das Muffins-Blech mit den Papier-Backförmchen aus.

2 Lege 12 Bananenchips für die Dekoration beiseite. Die übrigen zerstößt du in einem Mörser mit einem Stößel. Entkerne die Datteln und schneide sie in kleine Stücke. Vermische dann in einer Schüssel die Datteln, das Mehl, das Backpulver, das Natron, das Salz und 1 Esslöffel der zerstoßenen Bananenchips.

3 Verquirle in einer zweiten Schüssel mit einem Schneebesen das Ei, den Honig, die Buttermilch, den Apfelsaft und das Mandelaroma.

4 Lass die Butter in einem kleinen Topf bei niedriger Hitze schmelzen und rühre sie unter die Buttermilch-Honig-Masse. Hebe anschließend die Mehlmischung unter und mische alles, bis die trockenen Zutaten feucht sind.

5 Fülle den Teig in die Backförmchen und bestreue ihn mit den restlichen zerstoßenen Bananenchips und dem braunen Zucker.

6 Schiebe das Blech auf die mittlere Backschiene und backe die Muffins etwa 20-25 Minuten, bis sie braun sind. Mach kurz vor Ende der Backzeit die Holzstäbchen-Garprobe (siehe Seite 6).

7 Nimm das Blech aus dem Ofen und lass die Muffins darin etwa 5 Minuten ruhen. Hebe sie dann heraus und garniere sie mit den beiseite gelegten Bananenchips.

Das brauchst du

Für 12 Himbeer-Muffins

200 g Himbeeren (frisch oder tiefgekühlt)
250 g Mehl
2 EL Zitronenpuddingpulver
2 1/2 TL Backpulver
1/2 TL Natron
1 Prise Salz
1 Ei
125 g Zucker
2 EL ungesüßter Apfelsaft
200 ml Buttermilch
1 TL abgeriebene Schale von einer unbehandelten Zitrone
1 EL Zitronensaft
125 g Butter
Zitronenschale zum Garnieren

1 Heize den Backofen auf 180 °C vor und lege das Muffins-Blech mit den Papier-Backförmchen aus.

2 Wasche die Himbeeren und lass sie gut abtropfen. Lege 12 Stück für die Dekoration beiseite.

3 Vermische das Mehl mit dem Zitronenpuddingpulver, dem Backpulver, dem Natron, dem Salz und den Himbeeren in einer Schüssel.

Das stellst du bereit:

(für beide Muffin-Rezepte)

Backblech für 12 Muffins

12 Papier-Backförmchen

Mörser und Stößel für die Honig-Muffins

Sieb für die Himbeer-Muffins

Schneidebrett

Küchenmesser

2 Rührschüsseln

Kochlöffel

Reibe und Zitronenpresse für die Himbeer-Muffins

Schneebesen

kleiner Topf

Esslöffel

Topflappen

Holzstäbchen

4 Reibe 1 Teelöffel Schale von einer Zitrone und presse 1 Esslöffel Saft aus ihr aus. Verquirle in einer zweiten Schüssel mit einem Schneebesen das Ei, den Zucker, die Buttermilch, den Apfelsaft, den Zitronensaft und die Zitronenschale.

5 Lass die Butter in einem kleinen Topf bei niedriger Hitze schmelzen und rühre sie unter die Buttermilch-Himbeer-Masse. Hebe anschließend die Mehlmischung unter und mische alles, bis die trockenen Zutaten feucht sind.

6 Fülle den Teig in die Backförmchen und backe die Muffins genau wie die Honig-Muffins (ab Schritt 5).

7 Mit Himbeeren und Zitronenzesten garnieren.

Apfel-Rosinen-Muffins

Äpfel, Rosinen, Zimt und Walnüsse: Die Zutaten in diesen Muffins erinnern ein bisschen an Weihnachtsbäckerei oder einen köstlich duftenden Apfelkuchen. Welche Apfelsorte du verwendest, ist egal.

1 Heize den Backofen auf 180 °C vor. Die Papierförmchen setzt du in das Muffins-Blech.

2 Schäle die Äpfel mit einem Sparschäler. Viertele sie, entferne das Kerngehäuse und schneide dann ein Viertel in Spalten, den Rest in Würfel.

3 Vermische die Apfelwürfel, die Walnüsse, das Mehl, das Backpulver, das Natron, das Salz, den Zimt und die Rosinen in einer Schüssel.

4 Verquirle das Ei mit einem Schneebesen in einer zweiten Schüssel und gib den Zucker, die Butter und die Buttermilch dazu. Vermische alles und rühre dann die Mehlmischung unter, bis die trockenen Zutaten feucht sind.

5 Fülle den Teig in die Backförmchen. Schiebe das Blech auf die mittlere Backschiene und backe die Muffins etwa 20-25 Minuten, bis sie goldbraun sind. Prüfe mit einem Holzstäbchen, ob sie gar sind (siehe Seite 6).

6 Nimm (mit Hilfe eines Erwachsenen) das Blech aus dem Ofen und lass die Muffins darin noch 5 Minuten ruhen. Hebe sie heraus und lass sie weiter abkühlen. Garniere sie zum Schluss mit Apfelspalten und Rosinen und bestreue sie mit Zimt.

Das brauchst du

Für 12 Stück

1 kleiner Apfel
60 g gehackte Walnusskerne
250 g Mehl
2 1/2 TL Backpulver
1/2 TL Natron
1 Prise Salz
1/2 TL Zimtpulver plus etwas Zimt zum Bestreuen
60 g Rosinen plus ein paar Rosinen zum Garnieren
1 Ei
125 g Zucker
125 g Butter
250 ml Buttermilch

TIPP

Trenne angefaulte Äpfel sofort von den anderen. Sie stecken sie nämlich sonst an.

Äpfel

Es gibt sehr viele verschiedene Apfelsorten, die alle unterschiedlich schmecken. Die bekanntesten Sorten sind:

Elstar: ein kleiner, knackiger, leicht säuerlicher Apfel aus den Niederlanden

Boskoop: ein säuerlicher Apfel, benannt nach dem holländischen Ort Boskoop

Cox Orange: klein und süß, benannt nach dem Engländer Richard Cox, der diese Sorte gezüchtet hat

Braeburn: fest und süß-säuerlich, kommt aus Neuseeland und ist benannt nach der Plantage, die ihn zuerst angebaut hat

Golden Delicious: heißt aus dem Englischen übersetzt „golden und köstlich"; er schmeckt mild-süß und wird oft zum Backen verwendet

Das stellst du bereit:

12 Papier-Backförmchen
Muffins-Blech für 12 Muffins
Sparschäler
Schneidebrett
Küchenmesser
2 Rührschüsseln
Kochlöffel
Schneebesen
Esslöffel
Topflappen
Holzstäbchen

Jonagold: eine Kreuzung aus den Sorten Golden Delicious und Jonathan, groß und süß mit gelber Schale

Granny Smith: wurde von „Oma" („Granny" auf Englisch) Anne Smith gezüchtet, groß, fest und leuchtendgrün, kommt aus Australien.

Zitronenecken

Süß und sauer, Schokolade und Zitrone – du wirst staunen, wie gut das zusammenpasst. Die Zitronenecken sind in weniger als einer Stunde fertig und bestens für Kinderpartys geeignet.

1 Heize den Backofen auf 200 °C vor und lege ein Backblech mit Backpapier aus

2 Lass 150 g Butter in einem kleinen Topf bei sanfter Hitze schmelzen. Abkühlen lassen.

3 Trenne die Eier und gib Eigelb und Eiweiß in zwei verschiedene Rührschüsseln.

4 Gib den Zucker und den Vanillinzucker zu dem Eigelb und schlage das Ganze mit dem Handrührgerät, auf das du die Rührhaken gesteckt hast, schaumig. Der Zucker muss sich vollständig auflösen.

5 Mische das Mehl mit der Speisestärke und dem Backpulver und stäube die Mischung durch ein Sieb auf die Eiercreme. Nicht rühren! Dann gießt du die lauwarme, flüssige Butter und den Zitronensaft dazu.

6 Spüle die Rührhaken unter fließendem Wasser ab und schlage das Eiweiß zu festem Eischnee.

7 Rühre ein Drittel des Eischnees mit einem Rührlöffel unter die Eiercreme und gib den restlichen Eischnee darauf. Vorsichtig unterheben.

8 Fülle den Teig auf ein Backblech und streiche ihn mit dem Teigschaber glatt. Nicht drücken, der Teig soll locker und luftig bleiben! Auf der mittleren Einschubleiste etwa 15 bis 20 Minuten backen, dann herausnehmen (Topflappen nicht vergessen) und erkalten lassen.

9 Nun lässt du die Nussnugatcreme und das Kokosfett im heißen Wasserbad flüssig werden (siehe rechts). Dann streichst du die Schokocreme mit einem Backpinsel auf den Kuchen.

Das brauchst du

Für 32 Stück

Für den Teig:
150 g Butter
5 Eier
200 g Zucker
1 Päckchen Vanillinzucker
125 g Mehl
75 g Speisestärke
1 TL Backpulver
2-3 EL Zitronensaft

Für die Glasur:
200 g Nussnugatcreme
25-30 g Kokosfett
Kandierte Zitronenstückchen zum Garnieren

10 Zum Schluss schneidest du den Kuchen in kleine Dreiecke oder Quadrate, die du mit kandierten Zitronenstückchen garnierst. Auf ein Kuchengitter legen und abkühlen lassen.

TIPP

Unterheben heißt vorsichtig dazugeben, ohne viel zu rühren. Eischnee zum Beispiel soll leicht und luftig bleiben, deshalb muss er sanft untergehoben werden. Wird er untergerührt, entweicht die Luft und er fällt zusammen.

Das stellst du bereit:

Backpapier
Topf
2 Rührschüsseln
Handrührgerät
Mehlsieb
Rührlöffel
Teigschaber
kleiner Topf
Metallschüssel
Backpinsel
Küchenmesser
Kuchengitter

Heißes Wasserbad

Schokolade wird im heißen Wasserbad geschmolzen, und das geht so: Du gibst die Schokolade in eine kochfeste Schüssel aus Metall. Die stellst du in einen Kochtopf, der halb mit heißem Wasser gefüllt ist. Nun lässt du die Schokolade im Wasserbad auf dem Herd bei geringer Hitze schmelzen. Achte darauf, dass kein Wasser in die Schokolade spritzt. Wenn die Schokolade flüssig ist, rührst du einmal um und streichst dann die Schokolade mit dem Backpinsel oder einem Löffel auf das Gebäck.

Schoko-Donuts

Donut (auch Doughnut geschrieben) ist ein englisches Wort und bedeutet „Teig-Nuss". Eigentlich sind Donuts aber Teig-Kringel und kommen aus den USA, wo es ganze Imbiss-Ketten gibt, die nur Donuts verkaufen. Ihr Erkennungsmerkmal ist das Loch in der Mitte. Ansonsten sind sie ein wenig mit unseren Berlinern verwandt. Donuts haben oft noch eine Zucker- oder Schokoladenglasur.

Das brauchst du

Für 12 Stück

50 g Butter
3 Eier
150 g Zucker
200 ml Milch
1 Päckchen Vanillinzucker
1 Prise Salz
1 Prise Muskatnusspulver
650 g Mehl plus etwas Mehl zum Ausrollen
1 Päckchen Backpulver
100 g Schokoraspel
Öl zum Fritieren
150 g Sahne
2 EL Kokosraspel
12 Mini-Bountys

1 Gib die Butter, die Eier, den Zucker und die Milch in eine Schüssel und verrühre sie mit einem Schneebesen.

2 Vermische den Vanillinzucker, das Salz, das Muskatnusspulver, das Mehl, das Backpulver und die Schokoraspel in einer zweiten Schüssel.

3 Gib die Mehlmischung zur Butter-Masse und verknete alles mit den Knethaken eines Handrührgeräts zu einem glatten Teig.

4 Bestäube eine saubere und trockene Arbeitsfläche und ein Nudelholz mit Mehl. Rolle den Teig darauf etwa 2,5 cm dick aus und stich mit einem Glas oder einer Ausstechform von etwa 7,5 cm Durchmesser Teigkreise aus. Das Loch in der Mitte stichst du mit einem kleinen Glas oder Ausstechförmchen aus oder schneidest es mit einem Messer heraus.

5 Erhitze das Öl in einer Fritteuse oder einer hohen gusseisernen Pfanne sehr stark (bis ein Brotwürfel darin in 15 Sekunden braun wird). Gib mehrere Teigkreise hinein und backe sie im heißen Fett schwimmend aus, bis die Unterseite gebräunt ist. Dann wenden und die Oberseite bräunen (jeweils etwa 3-4 Minuten).

6 Nimm die fertigen Donuts aus Pfanne oder Fritteuse und lege sie auf Küchenkrepp, damit das Öl abtropfen kann. Mach die restlichen Donuts genauso. Abkühlen lassen.

7 Schlage die Sahne mit den Quirlen des Handrührgeräts steif und hebe die Kokosraspel unter.

8 Zum Schluss gibst du einen Klacks Sahne in die Donutlöcher und belegst sie mit halbierten Mini-Bountys.

TIPP

Lass dir beim Braten oder Fritieren unbedingt von einem Erwachsenen helfen, denn das Öl ist sehr heiß und spritzt leicht. Halte immer einen Deckel griffbereit, um notfalls Flammen ersticken zu können.

Das stellst du bereit:

2 Rührschüsseln
Schneebesen
Kochlöffel
Handrührgerät
Nudelholz
Ausstechformen oder Gläser
evtl. Küchenmesser
Pfanne/Fritteuse
Pfannenwender
Küchenpapier
Esslöffel

Pfannkuchen

Pfannkuchen sind dünne Eierkuchen, die – wie der Name schon sagt – in der Pfanne ausgebacken werden. Sie können mal dicker und mal dünner sein, mal gefüllt und gerollt und mal mit Obststücken gebacken, so wie hier. In Frankreich heißen sie Crêpes, in Österreich und Ungarn Palatschinken und in den USA Pancakes. Als Beerenfüllung eignen sich Blaubeeren, Himbeeren und Johannisbeeren. Du kannst auch eine tiefgekühlte Beerenmischung verwenden.

1 Trenne zuerst die Eier. Dafür schlägst du sie nacheinander an einem Schüsselrand auf und lässt die Eiweiße in eine Schüssel gleiten. Die Eigelbe gibst du in eine zweite Schüssel.

2 Gib zu dem Eigelb das Mehl, das Salz, den Honig und die Milch und verrühre alles mit einem Schneebesen zu einem Teig.

3 Schlage das Eiweiß mit den Quirlen des Handrührgeräts zu steifem Eischnee und hebe es unter den Teig.

4 Putze die Beeren (entferne zum Beispiel die Stiele), wasche sie in einem Sieb unter fließend kaltem Wasser und lass sie gut abtropfen.

5 Erhitze 1 Esslöffel Öl in einer Pfanne. Gib mit einer Schöpfkelle ein Viertel des Teigs in die Pfanne und streue ein Viertel der Beeren darüber. Decke die Pfanne zu und lass die Unterseite des Pfannkuchens ein paar Minuten backen, bis sie hellbraun ist. Wende den Pfannkuchen dann vorsichtig mit einem Pfannenwender (oder mithilfe von zwei Tellern, siehe Seite 47) und backe die andere Seite auch hellbraun.

6 Lass den Pfannkuchen aus der Pfanne auf einen Teller gleiten und mach die restlichen 3 Pfannkuchen genauso.

7 Bestreue die Pfannkuchen zum Schluss mit Puderzucker und garniere sie, wenn du willst, mit ein paar Blättern Zitronenmelisse.

Das brauchst du

Für 4 Portionen

3 Eier
150 g Vollkornmehl
1 Prise Salz
2 EL Honig
200 ml Milch
500 g gemischte Beeren (frisch oder tiefgekühlt)
4 EL Öl zum Backen
Puderzucker zum Bestreuen
evtl. Zitronenmelisse zum Garnieren

TIPP

Lege zwischen die einzelnen Pfannkuchen ein Stück Backpapier, damit sie nicht zusammenkleben.

Das stellst du bereit:

2 Rührschüsseln
Schneebesen
Handrührgerät
Esslöffel
Sieb
Pfanne mit Deckel
Schöpfkelle
Pfannenwender

Vollkornmehl

Für dieses Rezept kannst du auch das übliche Weißmehl verwenden, Vollkornmehl ist aber viel gesünder, weil es noch Keime und Kleie mit Nährstoffen enthält. Es ist allerdings nicht so lange haltbar, weil es ranzig werden kann. Kaufe deshalb immer nur kleine Mengen.

Crêpes mit Himbeercreme

Eine Crêpe ist ein hauchdünner Pfannkuchen und stammt aus der Bretagne (im Nordwesten von Frankreich). Dort ist es ein Hochzeitsbrauch, dass die Braut eine Crêpe backt. Wenn sie die Crêpe mit der Pfanne in die Luft werfen und dabei wenden kann, wird die Ehe glücklich. Dieses Wendemanöver solltest du aber nicht versuchen (es geht nämlich meistens schief), sondern einen Pfannenwender benutzen.

1 Zuerst verrührst du das Mehl, den Vanillinzucker, das Salz und das Ei mit einem Schneebesen in einer Schüssel zu einem glatten Teig. Lass den Teig etwa 20 Minuten ruhen.

2 In der Zwischenzeit kannst du die Himbeeren vorbereiten. Gib sie in ein Sieb, wasche sie unter fließend kaltem Wasser und lass sie gut abtropfen. Lege ein paar Früchte zum Dekorieren beiseite, wenn du willst. Anschließend streichst du die Himbeeren mit einem Stößel oder Esslöffel durch ein feines Sieb und fängst darunter das Himbeerpüree in einer Schüssel auf.

3 Presse 1/2 Zitrone aus und hacke die Pinienkerne mit einem großen Messer klein. Lass dir beim Hacken der Kerne von einem Erwachsenen helfen. Gib den Zitronensaft, die gehackten Kerne, den Puderzucker und den Frischkäse zum Himbeermus und verrühre alles. Brösele auch den Zwieback hinein und füge noch den Zucker zu.

4 Erhitze ein kleines Stück von der Butter in einer Pfanne und gieße mit einer Schöpfkelle etwas Teig für eine Crêpe hinein. Schwenke die Pfanne, so dass der ganze Boden dünn mit Teig bedeckt ist. Lass dir beim Schwenken von einem Erwachsenen helfen. Backe die Crêpe-Unterseite etwa 1 Minute lang, bis sie goldbraun ist. Wende die Crêpe dann mit einem Pfannenwender und backe die andere Seite genauso braun. Wenn sie fertig ist, lässt du sie auf einen Teller gleiten, gibst wieder ein kleines Stück Butter in die Pfanne und machst die restlichen Crêpes genauso.

Das brauchst du

Für 4 Portionen

60 g Mehl
1 Päckchen Vanillinzucker
1 Prise Salz
1 Ei
300 g Himbeeren
2 EL Puderzucker
Saft von 1/2 Zitrone
2 EL gehackte Pinienkerne
150 g Frischkäse
1 Zwieback
2 EL brauner Zucker
4 EL Butter zum Backen

5 Lege eine Crêpe auf eine Kuchenplatte und bestreiche sie mit der Himbeercreme. Lege eine zweite Crêpe darauf, bestreiche diese wieder mit Creme und so weiter, bis Creme und Crêpes verbraucht sind. Wenn du magst, kannst du die Crêpes-Torte mit den zurückgelegten Himbeeren dekorieren. Du schneidest sie beim Servieren wie eine ganz normale Torte in Stücke.

Das stellst du bereit:

Rührschüssel
Schneebesen
feines Sieb
Stößel oder Esslöffel
Schüssel
Zitronenpresse
Schneidebrett
großes Küchenmesser
Kochlöffel
beschichtete Pfanne
Schöpfkelle
Pfannenwender

Himbeeren

Statt sie durch ein Sieb zu streichen, kannst du die Himbeeren auch mit einem Pürierstab vermusen. Mit Himbeeren aus der Tiefkühltruhe geht das auch. Lass sie nur vorher auftauen.

Wende-Tipp

Die Crêpe mit dem Pfannenwender auf einen Teller schieben, einen zweiten Teller umgekehrt darüber legen, beide Teller mit der Crêpe in der Mitte zusammen umdrehen, den oberen Teller abnehmen und die Crêpe wieder vom unteren Teller in die Pfanne gleiten lassen.

Bauerncrêpes

Diese Crêpes heißen Bauerncrêpes, weil sie deftig sind. Der Teig wird mit kräftigem Roggenmehl gemacht, das Gemüse wird mit Worcestersauce gewürzt. Das ist eine berühmte englische Würzsauce und wird „wuster" ausgesprochen. Sie besteht aus Essig, Sojasauce, Wein, Anchovis, Pfefferschoten, Chilis, Ingwer, Schalotten und noch einigen geheimen Zutaten. Die Sauce wird nur von einer einzigen Firma hergestellt, und nur ein paar Angestellte dieser Firma kennen alle Zutaten.

1 Verrühre das Mehl mit der Milch und dem Wasser mit einem Schneebesen zu einem glatten Teig.

2 Trenne die Eier. Schlage sie dafür am Schüsselrand auf und lass die Eiweiße in eine leere Schüssel gleiten. Stelle sie beiseite. Gib die Eigelbe zum Teig und rühre sie unter. Lass den Teig etwa 30 Minuten quellen.

3 Öffne die Dose Mais und gieße die Flüssigkeit gut ab. Wasche die Champignons ab. Halbiere sie, lege die Hälften mit der geraden Seite nach unten auf das Brett und schneide sie in Scheiben.

4 Erhitze 2 Esslöffel Butter in einer Pfanne und dünste die Pilze darin an. Mit Salz und Pfeffer würzen (am besten schmeckt der Pfeffer frisch aus der Mühle). Nimm die Pfanne von der heißen Platte und lass die Pilze etwas abkühlen. Gieße sie dann in ein Sieb und fange den Bratsaft (auch „Fond" genannt) in einer Schüssel auf. Stelle die Champignons erstmal beiseite.

5 Miss 125 ml von dem Pilzfond ab und koche ihn in einem Topf auf. Gib den Mais und die Erbsen hinein (sie können noch tiefgefroren sein) und lass sie darin etwa 6 Minuten köcheln. Probiere, ob die Erbsen gar sind. Würze das Gemüse schließlich mit einem Schuss Worcestersauce. Gieße das Gemüse in ein Sieb ab und lass es abtropfen. Gib dann den Mais und die Erbsen zu den beiseite gestellten Champignons.

6 Die Petersilie wäschst du und schüttelst sie trocken. Zupfe die Blättchen von den Stielen und hacke sie fein, am besten mit einem Kräuter-Wiegemesser.

Das brauchst du

Für 4 Portionen

120 g Roggenmehl
300 ml Milch
75 ml Wasser
2 Eier
285 g Mais aus der Dose
200 g Champignons
5 EL Butter
Salz
Pfeffer
100 g Tiefkühl-Erbsen
Worcestersauce
1 Bund Petersilie

7 Jetzt geht es mit dem Teig weiter. Schlage das Eiweiß mit dem Handrührgerät steif (Quirle aufstecken) und hebe den Eischnee vorsichtig unter den Teig.

8 Erhitze ein Stückchen Butter in einer Pfanne und gieße mit einer Schöpfkelle etwas Teig für eine Crêpe hinein. Schwenke die Pfanne, so dass der ganze Boden dünn mit Teig bedeckt

ist. Lass dir beim Schwenken von einem Erwachsenen helfen. Backe die Crêpe-Unterseite etwa 1 Minute lang, bis sie goldbraun ist. Wende die Crêpe dann mit einem Pfannenwender und backe die andere Seite genauso braun. Wenn sie fertig ist, lässt du sie auf einen Teller gleiten, gibst wieder ein kleines Stück Butter in die Pfanne und machst die restlichen Crêpes genauso.

9 Lege die Crêpes einzeln auf Teller, forme sie zu Tüten (wie auf dem Foto) und fülle sie mit dem Gemüse. Mit der gehackten Petersilie bestreuen.

Das stellst du bereit:

2 Rührschüsseln
Schneebesen
Kochlöffel
Dosenöffner
Schneidebrett
Küchenmesser
Pfanne
Schöpfkelle
Pfannenwender
Sieb
Messbecher
Topf
Kräuter-Wiegemesser
Handrührgerät
Esslöffel

Lauchtorte

Hier kommt noch ein herzhaftes Backrezept. Der Teig ist ein Mürbeteig. Mürbeteig ist ein einfacher Teig aus Mehl, Butter und Eiern, der oft als Auslegeteig für Torten mit einem Obstbelag oder einer Sahne-Ei-Füllung verwendet wird. Mürbeteig muss nicht gehen und nicht ausgerollt werden.

Das brauchst du

Für 12 Stücke

Für den Teig:

200 g Mehl

100 g weiche Butter plus etwas Butter für die Form

1 Ei

1 Prise Salz

2-3 EL Wasser

Für den Belag:

500 g Lauch (Porree)

1 kleine Zwiebel

2 EL Öl

100 g roher geräucherter Schinken

125 g saure Sahne

3 Eier

Salz

Pfeffer

50 g geriebener Emmentaler-Käse

trockene Hülsenfrüchte (Bohnen, Erbsen oder Linsen) zum Blindbacken

1 Zuerst machst du den Teig. Trenne das Ei. Schlage es dafür an einem Schüsselrand auf und lass das Eiweiß in ein Glas gleiten. Du brauchst es für dieses Rezept nicht. Gib das Eigelb in eine Schüssel und knete es mit dem Mehl, der Butter, dem Salz und dem Wasser zu einem Teig. Nimm dazu das Handrührgerät mit den aufgesteckten Knethaken.

2 Bepinsele die Springform mit Butter. Lege die Form mit dem Teig aus: Du setzt dafür den Teigballen in die Mitte der Form und verteilst den Teig dann mit den Händen über die ganze Fläche. Ziehe auch einen etwa 3 cm hohen Teigrand hoch. Stelle die Form 30 Minuten im Kühlschrank kalt.

3 Inzwischen bereitest du die Füllung zu. Schneide vom Lauch zuerst unten die Wurzel und oben die dunkelgrünen Enden ab und entferne die äußeren Blätter. Dann schneidest du die Lauchstangen der Länge nach ein, aber nicht durch, und hältst sie unter fließendes Wasser. Halbiere sie und schneide die Hälften in schmale Streifen.

4 Schäle die Zwiebeln und würfele sie. Schneide den Schinken in kleine Stücke.

5 Erhitze das Öl in einer Pfanne und dünste die Zwiebeln und den Lauch etwa 5 Minuten darin an. Gib dann den Schinken dazu und brate ihn kurz an. Nimm die Pfanne vom Herd.

6 Verrühre die saure Sahne, die Eier und etwas Salz und Pfeffer in einer Schüssel.

7 Wenn du den Teig aus dem Kühlschrank genommen hast, bedeckst du ihn mit Backpapier und Hülsenfrüchten und backst ihn etwa 10 Minuten blind (siehe rechts).

8 Nimm den Teig aus dem Ofen, entferne das Papier und die Hülsenfrüchte und verteile das Lauch-Zwiebel-Schinken-Gemisch gleichmäßig auf dem Teigboden. Gib die Eiersahne darüber und bestreue das Ganze mit dem geriebenen Emmentaler.

9 Schiebe die Torte in den Ofen und backe sie etwa 20 Minuten, bis die Eiersahne gestockt (das heißt fest) ist.

Blindbacken

Um zu verhindern, dass ein Kuchen mit einem dünnen Teig und einer feuchten Füllung (z.B. Obst oder Gemüse-Ei-Sahne, wie hier) matschig wird, backt man den Teig zuerst ohne Füllung vor. Auf den Teig legt man Backpapier und darauf Hülsenfrüchte (egal welche). Sie sollen verhindern, dass der Teig hochgeht, und können danach wieder in die Tüte geschüttet werden. Nach dem Blindbacken kannst du die Füllung auf den Kuchen geben und ihn zu Ende backen.

Das stellst du bereit:

Glas für das Eiweiß
Rührschüssel
Handrührgerät
Springform
Backpinsel
Schneidebrett
Küchenmesser
Pfanne
Pfannenwender
Kochlöffel
Backpapier
Topflappen
Esslöffel

Pizza Florentina

Dies ist eine zweigeteilte Pizza: Auf der einen Hälfte ist sie mit Lauch, Garnelen und Zwiebeln belegt, auf der anderen mit Ananas und Schinken. Wenn man Pizza-Fertigteig verwendet, ist sie einfach und schnell nachzubacken.

Das brauchst du

Für 4 Portionen

300 g Lauch (Porree)
400 g gekochte und geschälte Garnelen
2 Zwiebeln
300 g Ananasstücke aus der Dose
200 g gekochter Schinken
200 g Taleggio-Käse
1/2 Bund Basilikum
1/2 Bund Petersilie
450 g Tiefkühl-Pizzateig
evtl. etwas Öl für das Blech
200 g Tomatenpüree mit Kräutern
Salz
Pfeffer

1 Schneide vom Lauch unten die Wurzel und oben die dunkelgrünen Enden ab und entferne die äußeren Blätter. Dann schneidest du die Lauchstangen der Länge nach ein, aber nicht durch, und hältst sie unter fließendes Wasser. So wird Sand und Erde auch aus den inneren Schichten entfernt. Schneide die Stangen danach in schmale Ringe.

2 Gib die Garnelen in ein Sieb, wasche sie unter fließend kaltem Wasser und lass sie gut abtropfen.

3 Schäle die Zwiebeln und schneide sie in schmale Ringe.

4 Öffne die Dose Ananas und gieße den Saft ab. (Für dieses Gericht brauchst du ihn nicht, aber du kannst ihn in einem Glas auffangen und einen leckeren Drink daraus machen, siehe rechts.)

5 Schneide den Schinken in Quadrate und den Käse in Scheiben.

6 Heize den Backofen auf 200 °C vor. Wasche dann die Kräuter und schüttele sie trocken. Zupfe die Blättchen von den Stielen und hacke sie klein, am besten mit einem Kräuter-Wiegemesser, ansonsten mit einem Küchenmesser.

7 Fette ein Backblech mit etwas Öl ein. Statt es einzufetten, kannst du es auch mit Backpapier auslegen.

8 Lege den vorher aufgetauten Pizzateig auf dem Blech aus und bestreiche ihn gleichmäßig mit dem Tomatenpüree.

9 Jetzt belegst du die Pizza und zwar die eine Hälfte mit dem Lauch, den Garnelen und den Zwiebelringen, die andere Hälfte mit den Ananasstücken und dem Schinken. Würze alles mit Salz und Pfeffer und bestreue die Pizza mit den gehackten Kräutern. Belege sie zum Schluss mit dem Käse.

10 Schiebe das Blech auf die mittlere Backschiene und lass die Pizza etwa 20 Minuten backen, bis der Teig goldbraun und knusprig ist.

TIPP

Taleggio-Käse ist ein italienischer Weichkäse mit mildem Aroma, der sich sehr gut zum Überbacken eignet. Falls du keinen bekommst, kannst du aber auch geriebenen Mozzarella-Käse verwenden.

Das stellst du bereit:

Schneidebrett
Küchenmesser
Sieb
Dosenöffner
Kräuter-Wiegemesser
Backblech
Backpapier oder Backpinsel
Streichmesser
Topflappen

Ananas-Orangen-Drink

Gib zu gleichen Teilen Ananassaft und frisch gepressten Orangensaft mit ein paar Eiswürfeln in einen Cocktailshaker und schüttele alles gut durch. Wenn du keinen Cocktailshaker hast, verrühre die Säfte im Glas und gib 1-2 Eiswürfel hinein.

Weihnachtsengel

Für diesen Riesenkeks in Form eines Engels bastelst du selber eine Backschablone aus Pappe. Du kannst auf dieselbe Art natürlich auch andere Figuren backen, die weniger weihnachtlich sind. Wie wär's zum Beispiel mit einem Pferd, einem Schneemann oder einem bunten Fisch? Als Geburtstagsgeschenk kannst du eine Form auswählen, die zum Geburtstagskind passt.

1 Bevor du mit dem Backen beginnst, bastelst du erst einmal eine Pappschablone für die Engelform. Zeichne dafür mit Bleistift auf die Pappe einen Engel, der ungefähr 25 cm hoch ist, und schneide ihn aus.

2 Jetzt bereitest du den Teig zu. Siebe das Mehl mit einem Mehlsieb in eine Schüssel. Drücke dann in die Mitte eine Mulde und brösele die Hefe hinein. Streue etwas von dem Zucker darüber.

3 Wärme die Milch in einem kleinen Topf bei niedriger Hitze etwas auf, bis sie lauwarm ist. Gieße sie dann auch in die Mulde und löse die Hefe darin auf.

4 Verteile den restlichen Zucker, das Salz und das Kardamompulver auf dem Mehlrand und gib die Butter mit einem Teelöffel flöckchenweise darauf. Verknete dann alle Zutaten mit den Knethaken des Handrührgeräts zu einem glatten Teig. Decke die Schüssel mit einem Tuch oder einem Teller zu und lass den Teig bei Zimmertemperatur etwa 30-40 Minuten gehen.

5 Heize den Backofen auf 200 °C vor. Fette ein Backblech ein oder lege es mit Backpapier aus. Dann rollst du den Teig mit einem bemehlten Nudelholz 1/2 cm dick darauf aus. Lege deine Engel-Schablone auf den Teig und schneide mit einem Messer den überstehenden Teig ab. Nimm anschließend die Schablone herunter und entferne den überschüssigen Teig vom Blech.

6 Verquirle mit einem Schneebesen 1 Ei mit 2 Esslöffeln Milch und bepinsele den Engel damit. Verziere ihn dann mit den Mandeln, Nüssen und Rosinen wie auf dem Foto oder wie es dir gefällt.

Das brauchst du

Für 1 großen Engel

250 g Mehl plus etwas Mehl zum Ausrollen

15 g Hefe

40 g Zucker

1/8 l (125 ml) lauwarme Milch plus 2 EL Milch zum Bestreichen

40 g weiche Butter plus evtl. etwas Butter für das Blech

1 Prise Salz

1 Msp. Kardamompulver

2 Eier

geschälte Mandeln und Haselnusskerne zum Verzieren

Rosinen zum Verzieren

150 g Puderzucker

evtl. Lebensmittelfarben

7 Schiebe das Blech auf die mittlere Backschiene und backe den Engel etwa 20 Minuten, bis der Teig goldbraun ist. Nimm das Blech aus dem Ofen und lass den Engel darauf auskühlen.

Das stellst du bereit:

Pappe oder Tonkarton, 20 x 30 cm
Bleistift, Schere
Rührschüssel
Mehlsieb
kleiner Topf
Teelöffel
Handrührgerät
Tuch oder Teller
Backpinsel
evtl. Backpapier
Nudelholz
Messer
Schneebesen
Topflappen
2 Gläser
Spritztüte oder Pergamentpapier für Einweg-Spritztüten
Spritztülle

8 Für die Glasur trennst du ein Ei. Lass das Eiweiß in ein Glas gleiten und gib das Eigelb in ein zweites Glas (du brauchst es für dieses Rezept nicht mehr). Verrühre den Puderzucker mit so viel Eiweiß, dass eine dickflüssige, glatte Masse entsteht. Du kannst die Glasur nach Belieben portionsweise mit verschiedenen Lebensmittelfarben einfärben. Fülle sie in Spritztüten mit einer Spritztülle und verziere den Weihnachtsengel damit. (Wie du Einweg-Spritztüten machst, steht auf Seite 30.)

Buntes Buttergebäck

Der Teig für diese Plätzchen ist ein einfacher Butterteig, der sich schnell zubereiten lässt. Spaß macht vor allem das Bemalen mit bunter Glasur und das Verzieren mit Gebäckschmuck. Du kannst einige der Plätzchen einzeln in Folie wickeln und mit Geschenkband zubinden und dann als Weihnachtsbaumschmuck oder Geschenkanhänger verwenden.

1 Schneide die kalte Butter in Stückchen. Gib sie mit dem Zucker, dem Eigelb und dem Zitronensaft in eine Rührschüssel und verrühre alles mit den Knethaken des Handrührgeräts. Gib das Mehl dazu, bis sich der Teig grob verbunden hat.

2 Anschließend knetest du den Teig auf einer bemehlten Arbeitsfläche glatt und stellst ihn danach 30 Minuten in den Kühlschrank.

3 Heize den Backofen auf 180 °C vor. Fette ein Backblech mit Butter ein oder lege es mit Backpapier aus.

4 Rolle den Teig auf einer bemehlten Fläche sehr dünn („messerrückendünn") aus und stich mit den Formen Plätzchen aus. Dann legst du sie auf das Backblech und backst sie 10-15 Minuten goldbraun. Lass die fertig gebackenen Plätzchen auf einem Kuchengitter oder einem Teller abkühlen. (Ein Kuchengitter eignet sich besser, weil darauf die Plätzchen auch von unten kühlende Luft bekommen.)

5 Für den Guss verrührst du den Puderzucker mit Wasser zu einer dickflüssigen Masse. Teile sie in mehrere Schälchen auf und färbe sie mit den Lebensmittelfarben unterschiedlich ein.

6 Bestreiche die Plätzchen mit dem Guss und verziere sie mit verschiedenem Gebäckschmuck. Trocknen lassen. Statt des fertig angebotenen Gebäckschmucks kannst du die Plätzchen zum Beispiel auch mit Mandeln, Nüssen, Rosinen oder Pistazien dekorieren.

Das brauchst du

Für 70 Stück

125 g Butter
125 g Puderzucker
2 Eigelb
1 TL Zitronensaft
250 g Mehl

Zum Verzieren nach Belieben:
Puderzucker
Lebensmittelfarben
Marzipan-Rohmasse
Zuckerschrift

Das stellst du bereit:

Messbecher
Rührschüssel
Handrührgerät
Backpinsel oder Backpapier
Nudelholz
Ausstechförmchen
Topflappen
Kuchengitter oder Teller
Esslöffel
mehrere Schälchen

Backofen vorheizen

Achte immer darauf, dass der Backofen richtig vorgeheizt ist, bevor du dein Gebäck hineinschiebst (meist geht dafür am Herd ein Lämpchen aus). Wenn der Ofen noch nicht völlig vorgeheizt ist, hat er noch nicht die vorgeschriebene Temperatur erreicht und die angegebenen Backzeiten stimmen nicht mehr.

Nussplätzchen und Spritzgebäck

Bei den Nussplätzchen werden ein heller und ein dunkler Teig ineinander gerollt. Das Spritzgebäck wird aus hellem Teig gemacht und dann einfach in dunkle Glasur getunkt.

Das brauchst du

Für etwa 80 Stück

200 g Mehl plus etwas Mehl zum Ausrollen
160 g weiche Butter
50 g Puderzucker
2 Eier
1 Prise Salz
35 g gemahlene Haselnusskerne
1/2 TL Zimt
1 TL Kakaopulver
30 g gehobelte Haselnusskerne

1 Siebe das Mehl mit einem Mehlsieb in die Rührschüssel und drücke in die Mitte des Mehlbergs eine Mulde. Verteile die Butter mit einem Teelöffel in Flöckchen auf dem Mehlrand.

2 Trenne 1 Ei. Lass das Eiweiß in ein Glas gleiten (du brauchst es später noch) und gib das Eigelb in die Mulde. Schütte den Puderzucker und das Salz ebenfalls in die Mulde. Verknete alle Zutaten mit den Knethaken des Handrührgeräts rasch zu einem glatten Teig.

3 1/3 des Teigs gibst du in eine Schüssel. Trenne noch ein Ei und gib das Eiweiß zum ersten. Das Eigelb kippst du in die Schüssel. Füge die Haselnüsse, den Zimt und das Kakaopulver zu und verknete alles zu einem braunen Teig.

4 Bemehle die Arbeitsfläche. Den hellen Teig rollst du darauf mit einem bemehlten Nudelholz zu einem 4 mm dicken Rechteck aus, den dunklen Teig danach zu einem etwas kleineren Rechteck in gleicher Dicke. Bepinsele den hellen Teig mit etwas Eiweiß. Wickele dann den dunklen Teig auf das Nudelholz und wickele ihn auf dem hellen Teig wieder ab. Drücke ihn etwas an.

5 Jetzt halbierst du das Rechteck mit den beiden Teigschichten der Länge nach. Forme dann jedes Stück von der Längsseite her zu einer Rolle. Die beiden Rollen mit Eiweiß bepinseln und in den gehobelten Haselnüssen wälzen. Etwa 30 Minuten in den Kühlschrank stellen.

6 Heize den Backofen auf 200 °C vor. Schneide die Teigrollen in 1/2 cm dicke Scheiben und fülle damit zwei mit Backpapier belegte Backbleche (wenn ihr nur ein Blech habt, belegst du das zweite erst, wenn die Plätzchen des ersten fertig gebacken sind). Backe die Bleche nacheinander auf der mittleren Backschiene etwa 10-12 Minuten und lass die Plätzchen anschließend auf Kuchengittern oder Tellern auskühlen.

Das stellst du bereit:

Mehlsieb
Rührschüssel
Glas für das Eiweiß
Handrührgerät
großes Messer
Nudelholz
Backpinsel
2 Backbleche
Backpapier
Topflappen
Kuchengitter oder Teller

Das stellst du bereit:

Rührschüssel
Schneebesen
Reibe
Küchenmesser
Kochlöffel
Mehlsieb
2 Backbleche
Backpinsel
Spritzbeutel
Sterntülle (Nr. 8)
Topflappen
Kuchengitter oder Teller
Topf

Das brauchst du

Für etwa 70 Stück Spritzgebäck

125 g weiche Butter plus etwas Butter für das Blech
250 g Zucker
1 Päckchen Vanillinzucker
Mark von 1/2 Vanilleschote
abgeriebene Schale von 1 unbehandelten Zitrone
2 Eier
125 gemahlene Mandeln
350 g Mehl plus etwas Mehl für das Blech
2 Beutel dunkle Kuchenglasur (je 100 g)

1 Rühre die Butter in einer Schüssel mit einem Schneebesen sehr schaumig. Reibe die Schale von der Zitrone ab. Die Vanilleschote schneidest du längs auf und schabst das Mark heraus. Gib die Zitronenschale, das Vanillemark, den Zucker und den Vanillinzucker zur Butter und verrühre alles so lange, bis sich der Zucker gelöst hat. Die Eier nacheinander unterrühren. Dann die Mandeln unterheben. Das Mehl siebst du durch ein Mehlsieb und hebst es auch unter.

2 Fette das Backblech dünn ein und bestäube es mit Mehl. Fülle den Teig portionsweise in einen Spritzbeutel mit großer Sterntülle und spritze etwa 6 cm lange Streifen direkt auf das Blech. Eine Stunde kalt stellen. (Falls ihr 2 Bleche habt, bereitest du schon beide vor.)

3 Heize den Backofen auf 200 °C vor. Schiebe das Blech auf die mittlere Backschiene und backe das Spritzgebäck 12-15 Minuten goldgelb. Lass es auf Kuchengittern oder Tellern auskühlen. Anschließend backst du das zweite Blech.

4 Erwärme die Kuchenglasur in einem Topf und nimm sie dann vom Herd. Tauche die Plätzchen einzeln etwa 2 cm tief darin ein und lass die Glasur fest werden.

Dattelkuchen

Der Dattelkuchen ist leicht nachzubacken, denn er ist mit Rührteig gemacht. Das heißt, dass die Teigzutaten nur verrührt werden und nicht aufgehen oder ruhen müssen. Rührteig wird auch nicht ausgerollt, da er eher flüssig ist.

1 Zuerst halbierst du die Datteln, entfernst die Steine und hackst die Datteln grob.

2 Dann hackst du die Mandeln und Haselnusskerne mit einem großen Küchenmesser ebenfalls grob.

3 Rühre die Butter mit einem Schneebesen schaumig. Gib den Zucker, den Vanillinzucker und das Salz dazu und verrühre alles so lange, bis der Zucker sich gelöst hat.

4 Nach und nach die Eier unterrühren. Das Mehl siebst du durch ein Mehlsieb dazu, und zuletzt hebst du noch die Datteln, Mandeln und Haselnüsse unter.

5 Fette die Kastenform mit etwas Butter aus und bestreue sie mit Paniermehl. Fülle den Teig hinein, schiebe die Form auf die mittlere Backschiene und backe den Kuchen etwa 40 Minuten.

6 Prüfe mit einem Holzstäbchen, ob er gar ist (siehe Seite 6). Lass ihn in der Form etwas abkühlen und stürze ihn dann auf ein Kuchengitter.

7 Für die Glasur presst du 1/2 Zitrone aus und verrührst dann in einer kleinen Schüssel 1 Esslöffel von dem Saft mit dem Puderzucker. Bestreiche den Kuchen damit.

Das brauchst du

Für 16 Scheiben

100 g frische Datteln
100 g Mandeln
100 g Haselnusskerne
100 g Butter plus etwas Butter für die Form
100 g Zucker
2 Päckchen Vanillinzucker
1 Prise Salz
4 Eier
150 g Mehl
etwas Paniermehl für die Form
50 g Puderzucker
1 EL Zitronensaft

Datteln

Datteln wurden schon vor 5000 Jahren in Mesopotamien, dem Land zwischen Euphrat und Tigris, angebaut. Die zuckerhaltigen Früchte wachsen an Palmen, genau wie Bananen. Jedes Jahr liefert die Dattelpalme etwa 50 kg Früchte. Sie kann 100 Jahre alt werden, erreicht ihre volle Tragfähigkeit aber erst ab dem 20. Lebensjahr. Wer eine Dattelpalme pflanzt, muss also viel Geduld haben, ehe er die ersten Früchte ernten kann.

Das stellst du bereit:

Schneidebrett
Küchenmesser
großes Küchenmesser
Rührschüssel
Schneebesen
Mehlsieb
Esslöffel
Kastenform, 20 cm
Backpinsel
Topflappen
Holzstäbchen
Kuchengitter
Zitronenpresse
kleine Schüssel

Johannisbeerringe

Diese Doppeldecker-Plätzchen gehören zu den beliebtesten Plätzchen überhaupt, vor allem zu Weihnachten. Jedes Plätzchen besteht aus zwei Hälften, die nach dem Backen zusammengelegt werden. Denk also daran, den Teig dünn auszurollen und genügend Formen auszustechen.

Das brauchst du

Für etwa 25 Stück

200 g Mehl plus etwas Mehl zum Ausrollen

60 g Zucker

1 Päckchen Vanillinzucker

1 Prise Salz

1 Ei

1/2 TL abgeriebene Schale einer unbehandelten Zitrone

125 g weiche Butter

100 g rotes Johannisbeergelee

30 g Puderzucker zum Bestäuben

1 Gib das Mehl in ein Mehlsieb und siebe es in eine Schüssel oder auf eine saubere und trockene Arbeitsfläche. Drücke in die Mitte eine Mulde und gib den Zucker, den Vanillinzucker und das Salz hinein.

2 Trenne ein Ei und gib das Eigelb in die Mulde (das Eiweiß brauchst du für dieses Rezept nicht mehr). Reibe etwas Schale von einer Zitrone ab und gib sie auch in die Mulde.

3 Verteile die Butter mit einem Teelöffel in Flöckchen auf dem Mehlrand und knete dann alle Zutaten mit den Knethaken des Handrührgeräts zu einem glatten Teig. Forme mit den Händen eine Teigkugel und lasse sie 30 Minuten im Kühlschrank ruhen.

4 Dann bemehlst du eine Arbeitsfläche und rollst den Teig mit einem bemehlten Nudelholz dünn aus. Stich mit dem runden gewellten Ausstecher etwa 50 Plätzchen aus dem Teig aus. Bei der Hälfte der Plätzchen stichst du mit einem runden Ausstecher in der Mitte ein Loch aus.

5 Heize den Backofen auf 200 °C vor. Belege ein Backblech mit Backpapier und fülle es mit Plätzchen. Schiebe das Blech auf die mittlere Backschiene und backe die Plätzchen etwa 8 Minuten goldgelb. Auf einem Kuchengitter oder Teller auskühlen lassen.

6 Dann backst du den zweiten Schwung Plätzchen genauso.

Das stellst du bereit:

Mehlsieb

Rührschüssel

Glas für das Eiweiß

Reibe

Teelöffel

Handrührgerät

Nudelholz

runde gewellte Ausstechform, 5 cm

runde Ausstechform, 2,5 cm

Backblech

Backpapier

Topflappen

Kuchengitter oder Teller

Streichmesser

7 Wenn alle Plätzchen fertig gebacken sind, bestreichst du die Plätzchen ohne Loch mit dem Johannisbeergelee und drückst die Ringe vorsichtig darauf. Bestäube die Ringe mit Puderzucker und setze in die Mitte noch einen Klecks Johannisbeergelee.

TIPP

Natürlich können die Plätzchen auch mit anderen Fruchtsorten zubereitet werden: Erdbeeren, Aprikosen, Himbeeren – nimm den Gelee, den ihr im Hause habt oder der dir am besten schmeckt.

Rezeptbearbeitung: Ronit Jariv
Gesamtherstellung: Naumann & Göbel Verlagsgesellschaft mbH

ISBN 3-625-20724-9